LETIZIA PALM

TENERIFFA
erleben

DER GROSSE
Teneriffa Reiseführer
MIT

55

UNVERGESSLICHEN
Erlebnissen
auf der größten Kanarischen Insel

TENERIFFA NORDEN

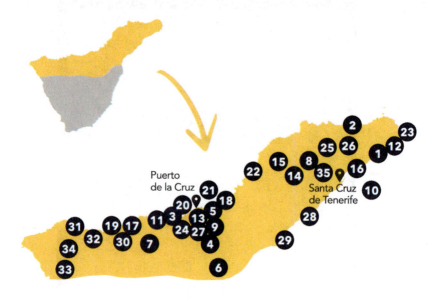

1. 🌴 Playa de Las Teresitas – Relaxen am Strand
2. 🏞️ Taganana – Die Stadt mit der besten Aussicht auf Teneriffa
3. ⛪ Die reizvolle Kapelle San Telmo besichtigen
4. 🏛️ Kanarische Herrschaftshäuser bestaunen – Die Casa de los Balcones
5. 🏊 Im Lago Martiánez schwimmen
6. ✨ Den Sternenhimmel über Teneriffa entdecken
7. 🕳️ Cueva del Viento – Hobby-Höhlenforscher aufgepasst
8. 🧗 Klettern üben in einem der besten Freeclimbing-Gebiete
9. 🍸 Museum oder Cocktailbar? Das Abaco ist beides!
10. 🤿 Nach Schätzen suchen beim Wracktauchen vor Teneriffa

11. Sich am Vulkansandstrand sonnen an der Playa del Socorro
12. Verbundenheit mit der Natur genießen an der Playa de las Gaviotas
13. Natur pur erleben im Botanischen Garten von Puerto de la Cruz
14. Weintour von La Laguna
15. Einen Rundgang durch das UNESCO-Weltkulturerbe La Laguna
16. Einen Spaziergang durch die Hauptstadt Teneriffas machen
17. Zu Besuch im Mariposario del Drago, dem Schmetterlingspark
18. Sand unter den Füßen spüren m Playa del Ancón
19. Die unbekannte Seite Teneriffas in Garachico entdecken
20. Sonnenbaden und Schwimmen an der Playa Jardín
21. Kanarische Lebensart hautnah spüren an der Plaza del Charco
22. Ein Besuch im Weinmuseum El Sauzal
23. Das verträumte Bergdorf Igueste auf eigene Faust entdecken
24. Umringt von Tausenden bunter Papageien – Zu Besuch im Loro Park
25. Unterwegs bei einer Wandertour im Anaga-Gebirge
26. Die Lorbeerbäume im Mercedeswald entdecken
27. Petri Heil beim Meeresangeln im offenen Meer auf Teneriffa
28. Weshalb eine Segeltour ein „Muss" auf Teneriffa ist
29. Tradition erleben im Wallfahrtsort Candelaria
30. Den Drachenbaum Drago Milenario entdecken
31. Im Naturpool baden gehen
32. Wüstenfeeling pur beim Kamelreiten auf Teneriffa
33. Das malerische Bergdorf Masca erkunden
34. Nervenkitzel für Adrenalin-Junkies – Canyoning auf Teneriffa
35. Papas Arrugadas – Köstliche Schrumpelkartoffeln probieren

TENERIFFA SÜDEN

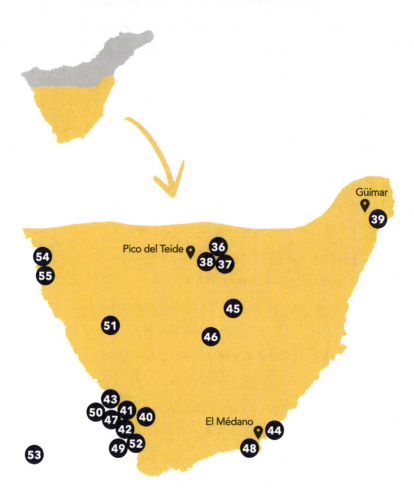

 Nur etwas für echte Abenteurer – Höhlenwandern auf Teneriffa

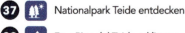 Nationalpark Teide entdecken

 Den Pico del Teide erklimmen

39	Geheimnisvolles Teneriffa – Wie alt sind die Pyramiden von Güímar?
40	Wilde Tiere auf Teneriffa? Ja, es gibt sie – im Las Águilas Dschungelpark
41	Einen farbenprächtigen Sonnenuntergang an der Costa Adeje genießen
42	Stand-Up-Paddeln an der Playa de las Américas
43	Tandem-Paragliding-Flug über Adeje
44	Erneuerbare Energien im Windpark ITER
45	Die Mondlandschaft Paisaje Lunar erkunden
46	Eine Quad-Tour auf Teneriffa machen
47	Atemberaubende Ausblicke über die Insel bei einem Rundflug
48	Ein gemütlicher Strandtag an der Playa El Médano
49	Kräftig in die Pedale treten bei einer Fahrradtour
50	Die Nacht unter freiem Himmel durchfeiern im Beachclub
51	Quer durch die Barrancos zum Wasserfall Cascada de Chindia wandern
52	Mit dem Kajak fahren und dabei mit Schildkröten schnorcheln
53	Die Nachbarinsel La Gomera entdecken
54	Die Klippen von Los Gigantes erkunden
55	Delfin- und Whale Watching an der Küste von Los Gigantes

INHALT

Einleitung 5
Insidertipps 9
Für Sparfüchse 11
Typisch Teneriffa 13
Programm bei Regen 16
Relax-Vorschläge 18
Trendthemen 20
Fakten & Menschen 23
Geschichte 26
Essen & Trinken 30
Einkaufen 34

#1 Playa de Las Teresitas – Relaxen am Strand 36
#2 Taganana – Die Stadt mit der besten Aussicht auf Teneriffa 38
#3 Die reizvolle Kapelle San Telmo besichtigen 40
#4 Kanarische Herrschaftshäuser bestaunen – Die Casa de los Balcones in Orotava 42
#5 Im Lago Martiánez schwimmen – Badespaß in einer außergewöhnlichen Umgebung 46
#6 Romantische Momente genießen – den Sternenhimmel über Teneriffa entdecken 48
#7 Hobby-Höhlenforscher aufgepasst – in der Cueva del Viento gibt es viel zu entdecken 50
#8 Klettern üben in einem der besten Freeclimbing-Gebiete auf Teneriffa .. 52
#9 Museum oder Cocktailbar? Das Abaco ist beides! 54
#10 Einfach abtauchen und unter Wasser nach Schätzen suchen beim Wracktauchen vor Teneriffa 56
#11 Riesige Wellen beobachten und sich am Vulkansandstrand sonnen an der Playa del Socorro im Norden Teneriffas 58
#12 Verbundenheit mit der Natur genießen an der Playa de las Gaviotas ... 62
#13 Blumen, Pflanzen und tropische Gewächse – Natur pur erleben im Botanischen Garten von Puerto de la Cruz 64
#14 Wein von Teneriffa – Hier kommen nicht nur Weinliebhaber auf ihre Kosten 66
#15 Einen Rundgang durch das UNESCO-Weltkulturerbe La Laguna 68
#16 Einen Spaziergang durch die Hauptstadt Teneriffas machen 70
#17 Überall Schmetterlinge! Zu Besuch im Mariposario del Drago, dem Schmetterlingspark 72
#18 Sand unter den Füßen spüren beim Strandspaziergang in Teneriffas Norden 74
#19 Die unbekannte Seite Teneriffas in Garachico entdecken 76
#20 Den Traumstrand im Norden der Insel besuchen – Sonnenbaden und Schwimmen an der Playa Jardín 78
#21 Kanarische Lebensart hautnah spüren an der Plaza del Charco 80
#22 Edle Tropfen aus Teneriffa verkosten – Ein Besuch im Weinmuseum El Sauzal 83
#23 Teneriffa abseits vom Massentourismus erleben – Das verträumte Bergdorf Igueste auf eigene Faust entdecken 85
#24 Umringt von Tausenden bunter Papageien – Zu Besuch im Loro Park .. 88
#25 Unterwegs bei einer Wandertour im Anaga-Gebirge 91
#26 Wandermöglichkeiten in Hülle und Fülle – Die Lorbeerbäume im Mercedeswald entdecken 94

8h | Info

#27 Petri Heil beim Meeresangeln im offenen Meer auf Teneriffa 97
#28 Weshalb eine Segeltour ein „Muss" auf Teneriffa ist 102
#29 Tradition erleben im Wallfahrtsort Candelaria 104
#30 Den Drachenbaum Drago Milenario entdecken 108
#31 Schwimmen inmitten der Natur – Auf Teneriffa kann man im Naturpool baden 110
#32 Wüstenfeeling pur beim Kamelreiten auf Teneriffa 112
#33 Abenteuer in den Bergen erleben und dabei das malerische Bergdorf Masca erkunden 114
#34 Nervenkitzel für Abenteuerlustige und Adrenalin-Junkies – Canyoning auf Teneriffa 116
#35 Papas Arrugadas – Wo gibt es die köstlichen Schrumpelkartoffeln? 118
#36 Nur etwas für echte Abenteurer – Höhlenwandern auf Teneriffa 120
#37 Nationalpark Teide entdecken 122
#38 Pico del Teide erklimmen 124
#39 Geheimnisvolles Teneriffa – Wie alt sind die Pyramiden von Güímar wirklich? 126
#40 Wilde Tiere auf Teneriffa? Ja, es gibt sie – im Las Águilas Dschungelpark 128
#41 Einen farbenprächtigen Sonnenuntergang an der Costa Adeje genießen 130
#42 Stand-Up-Paddeln an der Playa de las Américas 132
#43 Abenteuer zwischen Himmel und Erde erleben beim Tandem-Paragliding-Flug über Adeje 134
#44 Erneuerbare Energien auf Teneriffa – Interessante Techniken im Windpark ITER 136

#45 Eine Mondlandschaft so weit das Auge reicht – Die Paisaje Lunar am Südrand des Teide 138
#46 Eine Quad-Tour auf Teneriffa machen 142
#47 Teneriffa aus einer anderen Perspektive erleben – Atemberaubende Ausblicke über die Insel bei einem Rundflug mit dem Hubschrauber genießen 144
#48 Sonne, Sand und optimale Wasserbedingungen – Ein gemütlicher Strandtag an der Playa El Médano 148
#49 Kräftig in die Pedale treten bei einer Fahrradtour 150
#50 Die Nacht unter freiem Himmel durchfeiern im Beachclub auf Teneriffa 155
#51 Quer durch die Barrancos zum Wasserfall Cascada de Chindia wandern 157
#52 Mit dem Kajak fahren und dabei mit Schildkröten schnorcheln 159
#53 Die Nachbarinsel La Gomera entdecken 161
#54 Die Klippen von Los Gigantes erkunden 164
#55 Delfin- und Whale Watching an der Küste von Los Gigantes 166

Sprachführer 168

Bildnachweis 170
Impressum 171

Hinweis Nachhaltigkeit

Die ökologische Verträglichkeit sowie die Kriterien des Umweltschutzes liegen uns bei der Herstellung von unseren Büchern sehr am Herzen. Wir setzen deshalb auf einen ressourcenschonenden Herstellungsprozess. Der Umwelt zuliebe wird bei der Fertigung dieses Buches eine dünnere Papierart sowie ein nachhaltiges Druckverfahren mit reduziertem Farbeinsatz verwendet.

Hinweis Aktualität und Digitalisierung

In der heutigen zunehmend digitalen Welt haben verschiedene Zielgruppenumfragen gezeigt, dass Links, Preise sowie eine komplette Faltkarte nicht mehr zwingend zielführend sind für einen Reiseführer in Buchform. Die Auswertungen haben gezeigt, dass viele Personen enttäuscht sind, weil Links zu Drittanbietern oftmals nicht mehr funktionieren, Preisangaben nicht mehr korrekt sind und eine Karte zur Orientierung wird praktisch nur noch digital auf dem Smartphone angeschaut.

Wir haben uns daher bewusst dafür entschieden diese Elemente weitestgehend wegzulassen und stattdessen Hinweise für weiterführende Informationen im Internet zu vermerken. Außerdem handelt es ich bei unseren Büchern nicht um gängige "Standard-Reiseführer". Unsere Reiseführer leben von spannenden Erlebnissen und sollen als Inspiration für einen unvergesslichen Urlaub dienen. In diesem Sinne: Viel Spaß beim Lesen – Tauchen Sie ein – Erleben Sie Teneriffa!

TENERIFFA erleben

EINLEITUNG

Playa de Las Teresitas

Was gibt es Schöneres, als auf Teneriffa Urlaub zu machen? Die größte der Kanarischen Inseln, die auf Spanisch Tenerife genannt wird, ist etwa 83,3 Kilometer lang und bis zu 53,9 Kilometer breit. Mit rund 928.604 Einwohnern ist Teneriffa außerdem die bevölkerungsreichste Insel Spaniens. Die Inselhauptstadt ist Santa Cruz de Tenerife. Einheimische Inselbewohner werden Tinerfeños genannt.

Teneriffa zählt zu den wichtigsten spanischen Urlaubsgebieten und wird jährlich von mehreren Millionen Touristen aus aller Welt besucht. Die Insel genießt im In- und Ausland einen ausgezeichneten Ruf als Reisedestination und gilt als perfektes Reiseziel zum Erholen und Entspannen, für einen aktiven Abenteuerurlaub oder Badeferien mit der ganzen Familie. Die Insel Teneriffa verfügt über eine moderne Infrastruktur und ein vielseitiges Angebot an Unterkünften. In den Badeorten findet man von bescheidenen Übernachtungsmöglichkeiten zu günstigen Konditionen über Mittelklassehotels, Pensionen, All-inclusive-Ferienanlagen mit Sport- und Animationsprogramm bis zu Luxushotels, Ferienwohnungen und Ferienvillen mit Pool jede erdenkliche Unterkunftsmöglichkeit.

Die Haupttourismusgebiete befinden sich im Norden und im Süden der Insel. Im nördlichen Inselbereich bildet die Stadt Puerto de la Cruz eines der wichtigsten Touristenzentren. Der traditionelle Erholungsort ist für seine Strände aus dunklem Vulkansand, den Papageienpark und Zoo Loro Parque sowie für die vom kanarischen Star-Architekten César Manrique gestaltete Meerwasser-Freibadanlage Lago Martiánez bekannt. Zu den am meisten besuchten touristischen Regionen Teneriffas gehören die Playa de las Américas mit ihrer 10 Kilometer langen Strandpromenade sowie die angrenzende Costa Adeje. Der künstlich angelegte Ferienort zeichnet sich durch sein vielfältiges Sport-, Unterhaltungs- und Freizeitangebot aus. An die Costa Adeje zieht es vor allem Urlauber, die ein ausschweifendes Nachtleben schätzen und in den zahlreichen Bars, Nachtclubs, Diskotheken und Casinos bis in die frühen Morgenstunden feiern wollen. In der Nähe dieses Urlaubsortes befinden sich einige der schönsten Strände der Insel wie die Playa del Duque, Playa de Fañabé und die Playa de la Pinta. Wassersportmöglichkeiten wie Schnorcheln, Tauchen, Segeln und Surfen findet man beinahe in allen Badeorten Teneriffas.

Die größte Kanareninsel ist stolz auf ihre Geschichte. Gut erhaltene historische Altstädte mit Häusern im typisch kanarischen Baustil zeugen von der kolonialen Vergangenheit Teneriffas. Die Altstadtgassen und Fußgängerzonen größerer Städte eignen sich perfekt für ausgedehnte Spaziergänge und Shoppingbummel. Im gebirgigen Inselinneren liegen kleine Bergdörfer eingebettet zwischen Felsen, Barrancos und Schluchten auf vulkanischem Untergrund. Viele der malerischen Ortschaften sind beliebte Ausflugsziele, während andere abseits touristischer Pfade gelegene Orte weniger bekannt sind und kaum besucht werden und daher ihren ursprünglichen Charme bewahrt haben. Die Inselhauptstadt Santa Cruz de Tenerife ist eine am Atlantischen Ozean gelegene dynamische Großstadt und zugleich wichtigster Hafen der Insel. In der bereits im Jahr 1494 gegründete Inselmetropole gibt es zahlreiche prachtvolle Kirchen, interessante Museen, großzügige Parkanlagen und viele Shoppingmöglichkeiten.

Auf Teneriffa erhebt sich der mit einer Höhe von 3.715 Metern höchste Berg Spaniens, der Teide, der heute noch ein aktiver Vulkan ist. Der dritthöchste Inselvulkan der Erde, dessen letzte Eruption am 18. November 1909 war, gehört zum Gemeindegebiet von La Orotava. Weite Teile der Insel stehen mittlerweile unter Naturschutz, es gibt mehrere Schutzgebiete und Nationalparks wie den Teide Nationalpark, La Caleta Nationalpark, Teno-Naturpark, Nationalpark Parque del Drago und den El Cedro Nationalpark. Außerdem ist die gesamte Insel seit 1988 ein Lichtschutzgebiet. Zu den landschaftlichen Schönheiten gehören auch die Strände auf Teneriffa, die größtenteils aus

TENERIFFA erleben

dunklem Vulkansand oder feinem, goldenem Sand bestehen. Gepflegte Touristenstrände mit Liegestuhlverleih, Strandbars und Wassersportmöglichkeiten findet man auf der Insel ebenso wie einsame Buchten und von Felsen gesäumte Kiesstrände. Typisch für die größte Kanareninsel sind die Naturpools. Die natürlichen Pools sind Wasserbecken, die aufgrund vulkanischer Aktivität und Erosion entstanden sind. Sie befinden sich in Meeresnähe und sind durch ihre besondere Struktur vor den Wellen geschützt.

Flora und Fauna von Teneriffa sind einzigartig. Die bekannteste Pflanze ist der auf Spanisch als Flor de Pascua bezeichnete wilde Weihnachtsstern, der auf den Kanaren ganzjährig blüht. Die Insel Teneriffa weist eine überaus vielfältige Vegetation auf. Zahlreiche Pflanzenarten und Bäume sind nur auf den Kanarischen Inseln oder nur auf Teneriffa heimisch (endemisch). Die grünen Wälder im Inselinneren sind durch die Kanarische Kiefer geprägt, während im trockenen Süden von Teneriffa sukkulente Wolfsmilchgewächse beheimatet sind. Pflanzenarten, die man auf der Kanareninsel kennt, sind beispielsweise der Natternkopf sowie der Kanarische Drachenbaum, dessen bekanntestes Exemplar der Drachenbaum bei Icod de los Vinos ist. Seit der Eroberung der Kanarischen Inseln durch die Spanier wurden viele Pflanzen aus der ganzen Welt auf die Inseln gebracht und sind dort heimisch geworden. Verwilderte Kakteen, die man überall auf Teneriffa sieht, stammen ursprünglich aus den USA. Die südafrikanische Strelitzie ist ein beliebtes Urlaubsmitbringsel. Auf Teneriffa wird der Artenschutz sehr ernst genommen. So ist die Ausfuhr geschützter Pflanzenarten, Pflanzenteile und Samen verboten.

Vor giftigen Schlangen oder größeren Raubtieren muss man sich bei einem Teneriffa-Urlaub nicht fürchten. Außer einigen verwilderten Hauskatzen und Wildkaninchen gibt es kaum Säugetiere auf der Insel. Die Vogelwelt hingegen ist umso vielfältiger. Zu den typischen Vogelarten gehören der Teydefink und der Kanarengirlitz, eine Wildform des Kanarienvogels. Über Wiesen und Felder flattern zahlreiche Schmetterlingsarten, wie der gelbe Monarch, der blaue Manto de Canarias sowie der Cleopatra Canaria. Insgesamt gibt es auf der Insel mehr als 5.000 verschiedene Insektenarten. Besonders erwähnenswert ist der Kanarische Blaupfeil, denn die endemische Libelle ist mit einer Länge von etwa neun Zentimetern alles andere als klein. Bunt und schillernd ist die Unterwasserwelt, in der sich Barrakudas, Brassen, Makrelen, Blaubarsche, Doraden und etwa 700 weitere Fischarten tummeln. Bei Schiffsausflügen und Hochseeangeltouren kann man auch Pilotwale sehen, die in der

Meerenge zwischen Teneriffa und La Gomera häufig anzutreffen sind.

Das ganzjährig milde warme Klima ist einer der Gründe dafür, dass sich Teneriffa zu einem der beliebtesten Reiseziele entwickelt hat. Wegen der günstigen Wetterbedingungen wird die Kanareninsel als „Insel des ewigen Frühlings" bezeichnet. Auch im Sommer wird es nie zu heiß. An der Küste sorgt zudem meist eine frische Brise für Abkühlung. Im Norden von Teneriffa ist es einige Grade kühler als im Süden, allerdings regnet es im Nordteil der Insel in den Herbst- und Wintermonaten etwas häufiger als in den südlichen Regionen.

Seit Jahrzehnten ist Teneriffa eine der beliebtesten Urlaubsinseln. Der Tourismus zählt zusammen mit Landwirtschaft, Handel, Viehzucht, Fischerei und Hafenwirtschaft zu den wichtigsten Wirtschaftszweigen der Kanarischen Inseln. Der Fremdenverkehr auf Teneriffa konzentriert sich auf die südlichen Küstenregionen zwischen Los Cristianos und Playa de las Américas. Bekannte Urlaubsgebiete befinden sich auch an der Nordküste um Puerto de la Cruz.

Teneriffa ist durch die beiden Flughäfen Teneriffa Nord (Los Rodeos) bei La Laguna und dem Airport Reina Sofía (Teneriffa Süd) mit zahlreichen spanischen Großstädten sowie mit vielen Städten in ganz Europa verbunden. Von den meisten deutschen Flughäfen bestehen ganzjährig Linien- und Charterverbindungen nach Teneriffa, auch von Österreich und der Schweiz ist die Kanareninsel auf dem Luftweg gut erreichbar. Zwischen Teneriffa und den anderen Kanarischen Inseln Gran Canaria, Fuerteventura, Lanzarote, La Gomera, El Hierro und La Palma gibt es außerdem regelmäßige Fährverbindungen mit verschiedenen Schifffahrtslinien. Weitere Seeverbindungen existieren zwischen Teneriffa und dem spanischen Festland. Die Häfen von Cádiz und Huelva werden von den Schiffen einer spanischen Reederei angelaufen.

TENERIFFA erleben

INSIDERTIPPS

17 Meter langes Skelett eines Wals

Feine Sandstrände, Naturpools, Nationalparks, romantische Bergdörfer und Badeorte mit umfangreichen Sport- und Unterhaltungsmöglichkeiten – auf Teneriffa findet jeder, was er sucht. Die Urlaubsmöglichkeiten sind so vielseitig, dass ein einziger Urlaub kaum ausreicht, um alles zu sehen und zu unternehmen. Die schönsten Entdeckungen liegen allerdings abseits der touristischen Pfade.

Von Insidern bekommt man oft den Tipp, an einem der zahlreichen kirchlichen oder traditionellen Feste, die das ganze Jahr über in den Dörfern und Städten stattfinden, teilzunehmen. Bei Dorffesten gibt es viel Musik, es wird getanzt und man lernt die Einheimischen kennen. Ein besonderes Ereignis ist der Karneval von Santa Cruz. Jedes Jahr im Februar befindet sich die ganze Insel eine ganze Woche lang im Ausnahmezustand. Kostümierte Menschen singen und tanzen zu lateinamerikanischen Rhythmen auf den Straßen, feiern in Kneipen und Clubs.

Ruhesuchende Urlauber können im Inselinneren, wo sich kleine Bergdörfer an die Berghänge schmiegen und Obst- und Gemüseplantagen von den Bauern gehegt und gepflegt werden, Erholung und Entspannung finden. Ein echter Teneriffa-Geheimtipp ist der Ausflug zum Faro de Buenavista del Norte. Zu diesem modernen Leuchtturm, der sich am Ende der gleichnamigen Ortschaft befindet und den äußersten Nordwestzipfel der Insel markiert, gelangt man über eine asphaltierte Straße, die durch die Bananenplantagen führt. Obwohl der Leuchtturm von innen nicht besichtigt werden kann, ist der Blick von außen über die Steilküste und das Meer grandios.

Zwischen Garachico und der Punta de Teno liegt der kleine Ort Los Silos an der Nordwest-Küste Teneriffas. Dort gibt es zwei Highlights, die gern als Insidertipps bezeichnet werden. Dabei handelt es sich zum einen um den Naturpool Charco Los Chochos, in dem man bei ruhiger See baden und schwimmen kann. Ganz in der Nähe dieses natürlichen Pools befindet sich das 17 Meter lange Skelett eines Wals, das im Jahr 2005 vor der Küste Teneriffas gefunden wurde. Das riesige Skelett soll von einem weiblichen Wal, der ungefähr 27 Tonnen schwer gewesen ist, stammen.

Weitere Insidertipps für Teneriffa, die sich lohnen:

- Die geheimnisvollen Pyramiden von Güímar entdecken *(siehe #39, S. 126)*
- Die riesigen Wellen an der Playa del Socorro im Norden von Teneriffa beobachten und sich am Vulkansandstrand sonnen *(siehe #11, S. 58)*
- Die unbekannte Seite Teneriffas bei einem Ausflug nach Garachico erkunden *(siehe #19, S. 76)*
- So schmeckt Teneriffa – Papas Arrugadas (Kanarische Schrumpelkartoffeln) am Imbiss essen *(siehe #35, S. 118)*
- Unberührte Gebirgslandschaften erleben und durch die Schluchten zum Wasserfall Cascada de Chindia wandern *(siehe #51, S. 157)*

Ein wichtiger Insidertipp betrifft die Mobilität. Auf Teneriffa werden häufig Taxis und Minibusse genutzt, um die Dörfer im Inselinneren zu erreichen oder um zu abgelegenen Stränden oder zu Sehenswürdigkeiten zu gelangen. *Um überhöhte Touristenpreise zu vermeiden, sollte man sich zuvor im Hotel oder bei der örtlichen Touristeninformation nach den üblichen Fahrpreisen erkundigen oder mit dem Taxiunternehmen oder dem Fahrer einen Festpreis vereinbaren. Da die Preise für Benzin und Diesel auf den Kanarischen Inseln deutlich niedriger sind als in Deutschland, Österreich und der Schweiz, ist auch ein Mietauto eine gute Alternative, um die Insel auf eigene Faust zu erkunden.*

TENERIFFA erleben

FÜR SPARFÜCHSE

Ein Urlaub auf Teneriffa muss nicht teuer sein. Zwar ist das Preisniveau mittlerweile mit den in Deutschland üblichen Preisen vergleichbar, jedoch gibt es fast überall Sparmöglichkeiten.

Sparpotenzial findet man bereits bei den Reisemöglichkeiten. Nach Teneriffa kommt man entweder per Flugzeug oder per Schiff, wobei die Flugreise die schnellste und einfachste Art ist, um die Insel zu erreichen. Bei den Flugpreisen gibt es jedoch große Preisunterschiede. So sind Linienflüge mit spanischen und deutschen Fluggesellschaften meist erheblich teurer als Charterflüge oder Billig-Airlines. Charterflüge sind oft Bestandteile von Pauschal-Arrangements, die üblicherweise von Reiseveranstaltern angeboten werden und neben dem Flug auch Unterkunft und Verpflegung enthalten. Flüge von Billig-Airlines können unabhängig von Hotel-Reservierungen gebucht werden, jedoch muss man sich dann selbst um eine Unterkunft vor Ort kümmern. Wer günstig auf Teneriffa Urlaub machen möchte, sollte daher verschiedene Optionen vergleichen. Günstige Flüge zwischen Deutschland und den Kanarischen Inseln bieten beispielsweise Fluggesellschaften wie Condor, Eurowings, TUI Fly und Ryanair. Um bei Flug und Hotel zu sparen, sollte man möglichst die Schulferien (Juli und August) meiden. Da in den Sommermonaten auch viele Festland-Spanier nach Teneriffa reisen, sind die Hotels in den Badeorten meist ausgebucht und außerdem ist vieles teurer als in der günstigeren Nebensaison im Herbst oder im Frühjahr.

Öffentliche Verkehrsmittel auf Teneriffa kosten nicht viel und sind in den Städten und Badeorten die beste Option, um vom Hotel in die Stadt oder zu den Sehenswürdigkeiten zu gelangen. Ländliche Regionen werden zwar von einheimischen Busunternehmen angefahren, jedoch sind die Busverbindungen oft unregelmäßig und beschränken sich zudem auf einige wenige Abfahrten pro Tag. Mit einem Mietwagen ist man daher deutlich flexibler. Ein Mietfahrzeug sollte am besten von Deutschland und möglichst frühzeitig gebucht werden, dabei kann man oft von günstigen Sparpreisen, Frühbucherrabatten und weiteren Sonderkonditionen profitieren. Viele Mietwagenfirmen sind an den beiden Flughäfen von Teneriffa vertreten, sodass das Mietauto direkt nach der Ankunft in Empfang genommen werden kann. Wichtig ist, bei der Mietwagenreservierung auf Details wie unbegrenzte Kilometer, Vollkaskoversicherung ohne Selbstbeteiligung, kostenlos registrierbaren 2. Fahrer sowie kostenfreie Baby- und Kindersitze zu achten.

Costa Adeje

Außerhalb der Badeorte zu wohnen, spart Geld und bietet darüber hinaus die Möglichkeit, mit Einheimischen Kontakte zu knüpfen und die entspannte Lebensweise der Tinerfeños kennenzulernen. Außerhalb der Touristenzentren sind die Übernachtungspreise in der Regel deutlich günstiger als in Hotels in der ersten Strandreihe. Auch beim Essengehen kann viel gespart werden, wenn die Mahlzeiten nicht in einem der typischen Touristen-Restaurants, die ihre Preise längst dem europäischen Preisniveau angepasst haben, eingenommen werden. Günstig kauft man vor allem auf den Wochenmärkten ein. Lokal angebautes Obst und Gemüse ist besonders frisch, schmeckt aromatischer und ist zudem wesentlich billiger als die importieren Waren, die in den internationalen Supermärkten Teneriffas angeboten werden.

Kostenlose Aktivitäten nutzen
Auch mit knappen Budgets muss man auf Teneriffa nicht auf interessante Aktivitäten verzichten. Am Strand spazieren zu gehen, zu joggen und zu wandern macht Spaß und ist kostenlos. Weitere Aktivitäten auf Teneriffa, die nichts kosten, sind:

- Inmitten der Natur schwimmen. Auf der Insel gibt es zahlreiche Naturpools, in denen gebadet und geschwommen werden kann *(siehe #31, S. 110)*
- Das Wallfahrtsdorf Candelaria besuchen und die religiösen Traditionen der Insel kennenlernen *(siehe #29, S. 104)*
- Die quirlige Inselhauptstadt auf eigene Faust entdecken, indem man einen Spaziergang durch Santa Cruz de Tenerife macht *(siehe #16, S. 70)*

Beim Wandern kann man sparen, wenn man selbst zubereitete Sandwiches, Salate und Getränke mitnimmt und auf teure Restaurants unterwegs verzichtet. Außerdem gibt es fast überall Imbissbuden, die sehr günstig sind und einheimische Snacks wie die Papas arrugadas (Schrumpelkartoffeln mit scharfer Soße) anbieten.

TENERIFFA erleben

TYPISCH TENERIFFA

Was ist typisch Teneriffa? Die frische Brise, die auch im Sommer weht und für erträgliche Temperaturen sorgt? Die gebirgigen Landschaften im Inselinneren und die Felsformationen an der Küste?

Zu den besonders geschätzten Merkmalen gehört die bodenständige, aber sehr geschmackvolle Küche Teneriffas. Einfache Landgerichte, die auf lokal angebautem Gemüse und Kartoffeln basieren, haben es sogar zu internationalem Ruhm gebracht. Die Papas arrugadas, die berühmten kanarischen Runzelkartoffeln mit Salzkruste gibt es auf Teneriffa beinahe an jeder Straßenecke in einem der zahlreichen Imbiss-Kneipen. Die Runzelkartoffeln, die mit roter oder grüner Mojo-Soße serviert werden, zählen auf den Kanarischen Inseln zu den Grundnahrungsmitteln und werden international als Superfood gelobt. Mit Mojo verde oder Mojo rojo schmeckt die köstliche Kartoffelspeise am besten. Die beiden typisch kanarischen Soßen bestehen aus Essig, Öl und Knoblauch. Dem

Grundrezept werden weitere Zutaten wie Paprika oder Tomaten und Gewürze wie Koriander und Meersalz hinzugefügt. Während es sich bei der roten Mojo um eine salsa picante, eine scharfe Soße handelt, ist die grüne Mojo etwas weniger scharf, dafür aber säuerlicher. Beide Mojo-Soßen sind sehr variantenreich und werden in den Restaurants auf Teneriffa meist als Dipp oder als Beilage zu Fleisch- und Fischgerichten serviert.

Eine typische Mahlzeit auf Teneriffa

Eine typische Mahlzeit beginnt auf Teneriffa mit einer Vorspeise. Das beliebteste Entrée ist der aus Ziegenmilch hergestellte Käse, der sich durch seine zarte Konsistenz und sein reines Aroma auszeichnet. Käse von Teneriffa gibt es frisch oder luftgetrocknet mit leichter Säure- und Salznote. Die bekanntesten Herstellungsgebiete der Insel sind Anaga, Arico-Fasnia, Teno und El Tanque. Einige der auf Teneriffa produzierten Käse wie die Sorte Cunygan mit Gofiokruste erhielten bereits internationale Auszeichnungen. Auf den Kanarischen Inseln gibt es verschiedene Arten von Ziegenkäse, die von Weichkäse (queso blanco) bis zu gereiftem Ziegen-Hartkäse reichen. Zu den beliebten Vorspeisen gehören Ziegenkäse mit scharfer Paprikakruste oder Käse mit Kräuterkruste. Ziegenkäse mit Guayabapaste besitzt einen eher süßlichen Geschmack. Auf Teneriffa wird Käse aus Ziegenmilch auch mit Honig verzehrt. Die aus Naturmilch von Ziegen, Kühen und Schafen hergestellten Käsesorten sind in den Queserias in Dörfern und Städten der Insel erhältlich. Handwerklich hergestellter Käse besitzt vor allem auf Teneriffa einen hohen Stellenwert, auch deshalb, weil die Herstellung größtenteils in familiären Käsereien erfolgt. Einmal jährlich im April findet im Museumsdorf Pinolere die wichtigste Käsemesse der Kanarischen Inseln mit dem Käse-Contest der Insel Teneriffa statt. Bei diesem Festival dreht sich alles ausschließlich um Käse.

TENERIFFA erleben

Lecker, süß und sehr aromatisch – Bananen von Teneriffa

Die kanarische Banane ist eine typische Frucht der Insel Teneriffa. Zahlreiche Bananenplantagen im Süden und Norden Teneriffas sorgen jedes Jahr für reichhaltige Ernten. Die kleinen, sehr aromatischen Bananen, die bei Alcalá im Südwesten oder im Orotavatal im Norden gedeihen, zeichnen sich durch einige Besonderheiten aus. Teneriffa-Bananen sind vermutlich die einzigen Bananen der Welt, die das Unionszeichen g.g.A., das für geschützte geografische Angabe steht und für die hervorragende Qualität bürgt, tragen dürfen. Bananenstauden sind die bekanntesten Kulturpflanzen der Kanarischen Inseln. Auf der Insel Teneriffa ist der Bananenanbau ein wichtiger Wirtschaftszweig. Kanarische Bananen sind zwar deutlich kleiner als ihre aus Südamerika oder Afrika stammenden Verwandten, allerdings haben sie einen unvergleichlich würzigen Geschmack. Zur Aromaentwicklung trägt auch die hohe Lichteinwirkung auf Teneriffa bei, die die Zuckerbildung in den Bananen verstärkt. Im sonnig-warmen Klima haben die Bananen mehr als sechs Monate Zeit zum Reifen. Damit die empfindlichen Früchte vor zu viel Sonneneinstrahlung und dem typischen auf Teneriffa wehenden Wind geschützt sind, werden die Stauden meist mit Planen abgedeckt. Einige Bananenfarmen im Süden Teneriffas heißen Besucher willkommen, die sich vor Ort über die Geschichte der Bananen und über die Produktion informieren wollen. Nach der Bananenernte werden die Bananen nicht nur frisch gegessen, sondern auch in frittierter Form zubereitet. Die aromatischen Früchte findet man ebenfalls als Zutat in Milchshakes oder Eis.

TYPISCH FÜR TENERIFFA – DIE ESSENSGEWOHNHEITEN

Typisch für Teneriffa sind auch die Essensgewohnheiten. Auf den Kanarischen Inseln nimmt man sich viel Zeit, um die mit Liebe zubereiteten Mahlzeiten zu verzehren. Ähnlich wie in anderen spanischen Regionen wird mittags und abends eher spät gegessen. Während sich die Gastronomie in den Badeorten an den Bedarf von Urlaubern aus aller Welt angepasst hat, werden in den Dörfern Teneriffas traditionelle Speisen der Kanaren serviert.

PROGRAMM BEI REGEN

Nach Teneriffa reist man vor allem der Sonne wegen. Tatsächlich herrschen auf der größten Kanareninsel ganzjährig gute Wetterbedingungen. So verzeichnet Teneriffa etwa 300 Sonnentage im Jahr.

Im Süden ist die Anzahl der sonnigen Tage noch etwas höher als im Inselnorden. Mit einer durchschnittlichen Sonnenscheindauer von circa 10 Stunden täglich (im Sommer) zählt Teneriffa zu den sonnigsten Reisezielen. Eine Regenzeit gibt es auf der Insel nicht. Dennoch muss vor allem im Winter auch mit Regentagen, kalten Winden und im Gebirge sogar mit Schnee gerechnet werden.

Ein verregneter Urlaubstag muss jedoch nicht langweilig sein. Auch bei Regen kann man auf Teneriffa einiges unternehmen. Zunächst besteht die Möglichkeit, die Angebote des Hotels zu nutzen, sich im Wellnesszentrum mit einer Massage oder einer Schönheitsanwendung verwöhnen zu lassen, das Fitness-Center zu besuchen und einfach Indoor zu trainieren oder bei den Animationsprogrammen mitzumachen. In vielen Ferienanlagen stehen Lesezimmer, Hallenbad oder ähnliche Einrichtungen zur Verfügung. Außerdem ist ein

TENERIFFA erleben

Regentag die beste Gelegenheit, es sich im Hotelzimmer oder in der Ferienwohnung gemütlich zu machen, Filme im Fernsehen (über Satellit werden deutsche Programme empfangen) anzuschauen, sich ein romantisches Abendessen im Hotel-Restaurant zu gönnen oder einen Tisch in einem Spezialitäten-Restaurant im Urlaubsort zu reservieren.

Zu den perfekten Aktivitäten für einen verregneten Tag gehören ein Museumsbesuch sowie die Besichtigung von Kirchen und anderen Sehenswürdigkeiten und davon hat Teneriffa jede Menge zu bieten. Besonders interessant ist das Museo de la Naturaleza y el Hombre, das sich in Santa Cruz befindet und sich der Entstehung Teneriffas, der Flora und Fauna der Insel sowie der jahrtausendealten Geschichte der Guanchen widmet. Ein weiteres Museum, das nicht nur an Regentagen einen Besuch lohnt, ist das in El Sauzal gelegene Weinmuseum Casa del Vino. Dort können täglich zwischen Dienstag und Samstag verschiedene lokal angebaute Weinsorten verkostet und im Shop erworben werden. Gleichzeitig bekommt man viele interessante Informationen über den Weinanbau auf Teneriffa, der mittlerweile zahlreiche preisgekrönte Weine hervorgebracht hat.

Das beste Mittel gegen Langeweile ist eine Shopping-Tour. Auch auf Teneriffa gibt es große Einkaufszentren wie das Centro Comercial Meridiano in Santa Cruz de Tenerife oder das La Villa Centro Comercial in La Orotava. Ähnlich wie in Deutschland sind diese Shopping-Malls täglich bis etwa 22 Uhr geöffnet und bieten mit Hunderten Geschäften eine vielseitige Auswahl an Mode, Wohnaccessoires und anderen Gebrauchsgütern. Außerdem gibt es dort zahlreiche Cafés und Restaurants, Kinos sowie einen großen Supermarkt.

Weitere Aktivitäten, die sich für einen Regentag auf Teneriffa eignen, sind:

- Kanarische Herrschaftshäuser in La Orotava bestaunen – die Casa de los Balcones besichtigen *(siehe #4, S. 42)*
- Museumsbesuch mit anschließendem Cocktail an der Bar vom Abaco *(siehe #9, S. 54)*
- Den bunten Schmetterlingen im Schmetterlingspark zusehen *(siehe #17, S. 72)*

RELAX-VORSCHLÄGE

Teneriffa gehört zu den Urlaubszielen, die wie geschaffen sind, um sich vom alltäglichen Stress zu erholen. Auf der kanarischen Ferieninsel gibt es vielerlei Möglichkeiten, zu entschleunigen und zu entspannen.

Dazu zählen Wellness-Anwendungen, Thalasso-Therapien, Massagen und Kuren ebenso wie sportliche Aktivitäten. Viele Hotels auf Teneriffa haben eigene Spa-Bereiche und bieten spezielle Wellness-Programme an. Häufig gehören Wassergymnastik, Aerobic und Fitnessübungen zum Animationsprogramm einer Ferienanlage. Obendrein findet man in vielen Hotels und auch in den Städten Teneriffas Fitnessstudios, die eine Vielzahl an Trainingsmöglichkeiten anbieten.

Beim Wandern entspannen kann man vor allem im Anaga- und Teno-Gebirge, bei Wandertouren rund um den Pico del Teide sowie beim Schluchtenwandern durch die Masca-Schlucht. Die entspannte Lebensweise der Tinerfeños trägt dazu bei, dass man rasch Abstand von Stress und Hektik bekommt. Auf Teneriffa nimmt man sich für alles viel Zeit. Dies gilt auch für die Mahlzeiten in einem typischen Restaurant, die oft aus mehreren Gängen bestehen und Stunden dauern können.

TENERIFFA erleben

Unsere Relax-Vorschläge für einen entspannenden Teneriffa-Urlaub:

- Das verträumte Bergdorf Igueste entdecken und dabei das ursprüngliche Teneriffa abseits vom Massentourismus erleben *(siehe #23, S. 85)*
- Die Verbundenheit mit der Natur genießen, sich an der Playa de las Gaviotas im schwarzen Lavasand entspannen und dabei die riesigen Wellen beobachten *(siehe #12, S. 62)*
- Die reizvolle Kapelle San Telmo besichtigen und an einem Konzert, an einer Lesung oder einem Gottesdienst teilnehmen *(siehe #3, S. 40)*
- In außergewöhnlicher Umgebung schwimmen – Badespaß im Lago Martiánez *(siehe #5, S. 46)*

TRENDTHEMEN

Das wichtigste Trendthema, über das auf Teneriffa gesprochen wird, ist die Nachhaltigkeit. Umweltbewusstes Handeln ist besonders auf einer Insel, wo der Tourismus einer der wesentlichen Wirtschaftsfaktoren ist, sehr wichtig. Die Inselregierung hat es sich daher zur Aufgabe gemacht, Einheimische und Touristen gleichermaßen für dieses Thema zu sensibilisieren.

Mit ihrer einzigartigen Flora und Fauna ist die größte Kanareninsel ein wahres Pflanzenparadies. Teneriffa besitzt eine überraschend umfangreiche ökologische Vielfalt. Günstige klimatische Voraussetzungen und besondere Umweltbedingungen bieten vielen Pflanzenarten ein perfektes Umfeld. Verantwortlich für die große Vielfalt ist auch die unregelmäßige Geländebeschaffenheit Teneriffas, die zu lokalen Veränderungen bei den klimatischen Bedingungen führte und das Entstehen einer Vielfalt an Mikroklimata ermöglichte. Auf diese Weise schuf die Natur selbst die

TENERIFFA erleben

Lebensräume, in denen sich die typische Inselvegetation entwickeln und zu einer vielfältigen und üppigen Flora heranwachsen konnte. Auf Teneriffa gedeihen circa 1.400 verschiedene Pflanzenarten, von denen etwa 200 kanarischen Ursprungs und 140 endemisch (sie wachsen nur auf Teneriffa) sind. Vom ausgeglichenen Klima profitiert auch die Tierwelt an Land sowie unter Wasser. **So umfasst der Tierartenbestand Teneriffas schätzungsweise 400 Fischarten, 5 Reptilienarten, 2 Amphibienarten, 56 Vogelarten, 13 Landsäugetiere sowie mehrere tausend wirbellose Arten, einige Meeresschildkröten und verschiedene Walarten.** Der Tier- und Artenschutz gehört daher ebenfalls zu den Trendthemen, denen auf Teneriffa eine große Bedeutung eingeräumt wird.

Der Stellenwert des Tierschutzes wird insbesondere bei Aktivitäten wie dem Hochseeangeln, einer aufgrund des Fischreichtums bei Einheimischen und Touristen gleichermaßen beliebten Aktivität *(siehe #27, S. 97)* deutlich. So dürfen nur bestimmte Fischarten gefischt werden. Außerdem sind beim Fischen einige Regeln einzuhalten und es wird eine Angellizenz vorausgesetzt. Die einzigen Ausnahmen sind die organisierten Angelausflüge und Schiffstouren, die in den Badeorten angeboten werden. Bei Angeltouren kümmert sich der Veranstalter um die erforderlichen Lizenzen.

Ebenso wie in anderen europäischen Ländern ist die Nachhaltigkeit eines der am meisten diskutierten Themen auf Teneriffa. Die Kanareninsel, die sich für eine nachhaltige Entwicklung einsetzt, will die Energieversorgung auf ökologische Modelle umstellen und setzt daher auf erneuerbare Energien. Als Urlauber auf Teneriffa kann man sich bei einer Führung durch den Windpark ITER *(siehe #44, S. 136)* selbst einen Überblick über diese Projekte verschaffen. Die Wissenschaftler des Technologischen Instituts für erneuerbare Energien (ITER) erforschen unter anderem die Einsatzmöglichkeiten von Photovoltaikanlagen auf der Insel und beschäftigen sich mit der Entwicklung bioklimatischer Häuser. Zukünftig soll die Energieversorgung nachhaltiger werden.

Zum Umweltschutz beitragen sollen auch die Programme zur Wiederherstellung größerer, für verschiedene Zwecke verwendeter Flächen auf Teneriffa. Zahlreiche Unterkünfte verfügen bereits über ein Umweltzertifikat oder unterstützen zumindest nachhaltige Maßnahmen. In den kommenden Jahren soll die Nachhaltigkeit auch bei der Gestaltung öffentlicher Gartenanlagen noch mehr berücksichtigt werden. Auch im öffentlichen Nahverkehr will man nachbessern und moderne Busse einsetzen.

Auf Teneriffa gibt es bereits 43 Naturschutzgebiete, deren Fläche etwa 48 Prozent der Gesamtfläche dieser Insel ausmachen. Fast die Hälfte von Teneriffa ist daher ein Naturschutzgebiet. Die Bedeutung des Ökotourismus soll in den kommenden Jahren weiter zunehmen. So sind Aktivitäten in der Natur geplant und ländliche Unterkünfte in Landgütern und Bauernhöfen werden gezielt unterstützt. Viele Bauern erzeugen ihre Produkte auf ökologische Weise. Zahlreiche der großen Hotels sind inzwischen mit dem internationalen Ökosiegel Travelife ausgezeichnet, sodass die Insel Teneriffa hinsichtlich der Anzahl der Ökohotels als führend in Europa gilt. Strikte Mülltrennung sowie die Vermeidung von unnötigem Müll gehören zu den Qualitätsrichtlinien, die dazu beitragen sollen, die Umwelt zu schützen und den Urlaubern gleichzeitig einen einzigartigen Aufenthalt zu ermöglichen.

Das erste CO^2-neutrale Dorf der Welt befindet sich auf Teneriffa. Die Ortschaft Granadilla produziert ihre eigene Energie und ist mittlerweile vollkommen unabhängig von externen Energielieferanten. Von internationalen Architekten wurden in Zusammenarbeit mit Fachleuten des Technologischen Instituts für Erneuerbare Energien insgesamt 24 bioklimatische Häuser entwickelt, die hauptsächlich aus Holz, Glas und Stein bestehen. Als Energiequellen werden Sonne, Wind und Wasser genutzt.

TENERIFFA erleben

FAKTEN & MENSCHEN

Pico del Teide

Teneriffa ist die größte Insel der Kanaren, einer aus insgesamt sieben Inseln bestehenden Inselgruppe im Atlantischen Ozean. Obwohl die Kanarischen Inseln westlich des afrikanischen Kontinents liegen, gehören sie politisch zu Spanien.

Die Insel Teneriffa ist etwa 80 Kilometer lang und an ihrer breitesten Stelle etwa 50 Kilometer breit. Auf einer Gesamtfläche von 2.034,38 Quadratkilometern leben ungefähr 928.604 Einwohner. Somit ist Teneriffa die bevölkerungsreichste Insel Spaniens. Die Inselhauptstadt ist Santa Cruz de Tenerife, die circa 207.312 Einwohner hat.

Aufgrund der günstigen klimatischen Bedingungen ist Teneriffa ein ganzjähriges Reiseziel. Die Insel wird jährlich von über 5 Millionen Urlaubern aus aller Welt besucht. Außerdem gilt die größte Kanareninsel als die artenreichste Insel im gesamten Atlantik. Ihre geologische Beschaffenheit wird durch zahlreiche Vulkanausbrüche geprägt, der letzte Vulkanausbruch fand im Jahr 1909 statt. Dem größten der bis heute aktiven Vulkane verdankt die Kanareninsel auch ihren Namen: Teneriffa bedeutet in der Sprache der Guanchen (der Ureinwohner dieser Insel) etwa „schneebedeckter Berg". Tatsächlich ist der Gipfel des Vulkans Pico del Teide, der mit einer Höhe von

3.715 Metern zugleich der höchste Berg Spaniens ist, fast das ganze Jahr über mit Schnee bedeckt. Zu den weiteren landschaftlichen Besonderheiten der Insel zählen: die Masca-Schlucht im Teno-Gebirge, die Höhlenschlucht bei der Ortschaft Adeje sowie die Lavahöhle Cueva del Viento, die circa 27.000 Jahre alt sein soll und mit einer Länge von 17 Kilometern die längste Lavahöhle Europas ist. Landschaftliche Highlights sind auch die Steilküste Los Gigantes sowie das Anaga-Gebirge mit seinen zahlreichen Höhlen und den Lorbeerwäldern.

Die Menschen auf Teneriffa

Die Bevölkerung Teneriffas gilt als überaus herzlich und gastfreundlich. Ein typisches Mittelmeervolk sind die Tinerfeños jedoch nicht. Man geht davon aus, dass die Kanarischen Inseln bereits vor etwa 60.000 Jahren besiedelt waren. Die Ureinwohner Teneriffas, die als Guanchen bezeichnet werden, sollen sich, ursprünglich aus Afrika kommend, auf der Insel angesiedelt haben. Archäologische Ausgrabungen haben ergeben, dass die Guanchen noch im 1. und 2. Jahrhundert v. Chr. in Höhlen lebten. Diese Höhlenunterkünfte erwiesen sich als sehr praktisch, denn sie waren im Sommer kühl und hielten im Winter warm. Überlieferungen zufolge sollen die Ureinwohner Teneriffas groß und blond gewesen sein. Außerdem wird berichtet, dass die Guanchen blaue Augen hatten. Über die Art und Weise, wie sie nach Teneriffa gelangten, ist jedoch so gut wie nichts bekannt. Zwar wird vermutet, dass die ersten Inselbewohner vom afrikanischen Festland aus das Meer überquerten, allerdings wurden nie Überreste von Booten gefunden, die diese Theorie belegen könnten. Es wird jedoch in Betracht gezogen, dass die Guanchen aus Schilfrohr Boote bauten, mit denen sie vom nahen Nordafrika aus auf die Kanarischen Inseln gelangten. Wissenschaftlich belegt ist, dass die Ureinwohner Teneriffas bereits über eine ziemlich moderne Sozialstruktur verfügten. So soll es ein Oberhaupt gegeben haben, das vom Volk als Anführer betrachtet wurde und sich mit einer Gruppe von Beratern umgab, wenn wichtige Entscheidungen gefällt werden mussten. Als Volksgruppe existieren die Guanchen heutzutage zwar nicht mehr, auf ihre Herkunft sind die Tinerfeños allerdings sehr stolz. In den Schulen Teneriffas und der anderen Kanarischen Inseln werden den Kindern Kenntnisse in der Sprache und Kultur der Guanchen vermittelt.

TENERIFFA erleben

Die Lebensweise im heutigen Teneriffa ist vor allem durch spanische Traditionen, Bräuche und Verhaltensweisen geprägt. So ist es üblich, sich zur Begrüßung rechts und links auf die Wange zu küssen. Touristen, die, wie in ihren Heimatländern gewohnt, ihre Hand zur Begrüßung ausstrecken, werden als sehr distanziert wahrgenommen. **Offiziell heißen die Bewohner Teneriffas „Tinerfeños". Die Inselbewohner pflegen einen südländischen Lebensstil.** Man trifft sich meist in der Bar nebenan oder im Restaurant, die als „Wohnzimmerersatz" dienen. Eine Mahlzeit mit der ganzen Familie kann auch mehrere Stunden dauern, vor allem, wenn zwischendurch Freunde vorbeischauen und sich einfach dazu setzen. Die relaxte Lebensweise macht sich allerdings auch durch eine gewisse Lässigkeit bei terminlichen Verpflichtungen bemerkbar. Bei Handwerker-Terminen, Besprechungen oder Verabredungen ist Geduld gefragt, denn Pünktlichkeit ist auf Teneriffa nicht immer gewährleistet.

Die Inselbewohner lieben es, Feste zu feiern. Irgendwo auf der Insel findet immer eine Fiesta, ein Kirchenfest, eine Einweihung oder ein anderes Ereignis, das mit Musik und Tanz gefeiert wird, statt. Der Höhepunkt der Festsaison ist der Karneval im Frühling. Während der Karnevalszeit, die üblicherweise zwei Wochen dauert, herrscht in der Hauptstadt Santa Cruz de Tenerife Ausnahmezustand. Die ganze Insel ist auf den Beinen, denn der Teneriffa-Karneval ist nach Rio de Janeiro die zweitgrößte Karnevalsveranstaltung der Welt. Beim Straßenkarneval sind auch die Kleinsten dabei und toben bis spät in der Nacht verkleidet auf den Straßen. Das Leben auf dieser Sonneninsel findet überwiegend draußen statt. Tagsüber sitzen die Menschen gern auf Dorfplätzen zusammen, während sie sich mittags und abends auf ein Schwätzchen im Café treffen. Die Wochenenden werden mit der ganzen Familie am Strand verbracht, es wird an den öffentlichen Grillplätzen in Strandnähe, in Parks oder im Wald gegrillt. Die Einwohner Teneriffas sind entspannt und gastfreundlich. An den Tourismus haben sich die Tinerfeños längst gewöhnt und begegnen den Besuchern aus aller Welt herzlich und unvoreingenommen. Ihre eigene Identität haben sie sich trotz der wechselhaften Geschichte ihrer Insel bewahrt. Traditionen, Bräuche und die Sprache sind das Bindeglied, dass die Tinerfeños trotz ihrer großen ethnischen Vielfalt zusammenhält.

GESCHICHTE

Haus auf Teneriffa - Alte Fotografie

Die Insel Teneriffa weist eine lange, wechselvolle Geschichte auf. So soll die größte Kanareninsel bereits vor etwa zwölf Millionen Jahren entstanden sein. Vulkanische Aktivitäten prägen die Insel bis heute.

Nachgewiesene Vulkanausbrüche gab es in den Jahren 1492 und 1704/05/06 sowie 1798 und 1909. Der letzte Vulkanausbruch wurde 1909 beobachtet, allerdings sind die Vulkane zwischen dem Teno-Gebirge und dem Teide-Massiv heute noch aktiv. Wie die ersten Siedler auf die Insel gelangten, konnte bisher nicht zweifelsfrei festgestellt werden. Es gilt jedoch als gesichert, dass die ältesten Spuren von Menschen auf Teneriffa aus dem 10. Jahrhundert v. Chr. stammen. Zu einer dauerhaften Besiedlung der Insel kam es ab dem 5. Jahrhundert v. Chr. In mehreren Wellen ließen sich Siedler vom nördlichen Afrika sowie aus Regionen nördlich der Straße von Gibraltar auf der Kanareninsel nieder, bis die Besiedlung im 1. Jahrhundert n. Chr. weitgehend abgeschlossen war.

TENERIFFA erleben

Die geologisch ältesten Teile von Teneriffa sind das Teno-Gebirge im Nordwesten und das Anaga-Gebirge im Nordosten der Insel. Im Zentrum befindet sich das Vulkanmassiv, zu dem der Pico del Teide, der höchste Berg Spaniens, gehört. In verschiedenen Legenden, die heute noch erzählt werden, berichtet man davon, dass Teneriffa früher für das mythische Inselreich Atlantis gehalten wurde. Die ersten geschichtlich belegten Erkundungen der Insel fanden wohl im 1. Jahrhundert n. Chr. statt. Zur damaligen Zeit unternahm Plinio, ein Gesandter des mauretanischen Königs, eine Reise zu den Kanarischen Inseln, die ihn auch nach Teneriffa führte. Auf der Insel fand er Riesenhunde vor und nahm einige mit, um sie seinem Herrscher zu schenken. Diese Hunde, die in der Landessprache als „Can" bezeichnet wurden, gelten als Namensgeber der Kanarischen Inseln. Bereits zur Zeitenwende und bis ins 1. Jahrhundert n. Chr. sollen enge wirtschaftliche Beziehungen zwischen den Kanaren und dem Mittelmeergebiet bestanden haben. Allerdings endeten die Wirtschaftsbeziehungen abrupt mit der Reichskrise des westlichen Europas im 3. Jahrhundert n. Chr. Zur erneuten Aufnahme wirtschaftlicher und kultureller Beziehungen sollte es erst im Mittelalter kommen.

Die Geschichte von Teneriffa und der anderen Kanarischen Inseln wird vor allem durch die Guanchen, die als Ureinwohner gelten, geprägt. Der Urbevölkerung wird ein afrikanischer Ursprung nachgesagt. Es soll sich um Naturmenschen gehandelt haben, die Tierfelle als Kleidung benutzen, ihre Toten mumifizierten und sie, ähnlich wie im alten Ägypten üblich, in Pyramiden bestatteten. Die Pyramiden von Güímar sollen ursprünglich Grabstätten von Guanchen gewesen sein. Bei Ausgrabungen in der Gegend wurden antike Gegenstände sowie menschliche Überreste gefunden, die dies beweisen sollen. Die Guanchen sind für ihre handwerklichen Fertigkeiten bekannt und haben die Tonbearbeitung sowie die Kunst des Töpferns auf den Kanarischen Inseln eingeführt. Auch die Bezeichnung Tinerfeños geht auf die Ureinwohner Teneriffas zurück, da der Name eines Häuptlings der Guanchen Tinerfe gewesen sein soll. Im Grunde bedeutet Tinerfeño also Mensch aus Teneriffa.

Die spanischen Eroberer auf Teneriffa

Die Eroberung durch Spanien ist ein wichtiges Ereignis, das die Geschichte Teneriffas entscheidend geprägt hat. Dabei begann alles ganz harmlos. Die Kanarischen Inseln wurden im Jahr 1339 erstmals auf einer Seekarte erwähnt. Damals lebten die Guanchen noch in Höhlen und Höhlenhäusern, während die Spanier ebenso wie die Portugiesen Raubzüge unternahmen, Güter erbeuteten und sich Sklaven aneigneten. Zunächst wurde 1402 die Insel Lanzarote besetzt, wo sich der normannische Adlige Jean de Béthencourt zum König der Kanarischen Inseln ausrufen ließ. Erst im Jahr 1483 ergab sich die Insel Gran Canaria den Spaniern. Als letzte Kanarische Insel wurde Teneriffa von den Spaniern im Jahr 1494 eingenommen. Der Adlige Alonso Fernández de Lugo legte den Grundstein für die Stadt, die später als Santa Cruz de Tenerife die Inselhauptstadt werden sollte. Bei La Matanza mussten die spanischen Truppen im Kampf gegen die Guanchen eine schwere Niederlage hinnehmen, bevor es ihnen gelang, diese am 25.12.1495 bei La Victoria endgültig zu besiegen. An Weihnachten 1495 unterstand die gesamte Insel Teneriffa der spanischen Krone. In der darauffolgenden Zeit vermischten sich die Guanchen mit den Eroberern vom spanischen Festland und verschmolzen so zu einer neuen Ethnie.

Die erste Hauptstadt während der spanischen Epoche war San Cristóbal de La Laguna. Teneriffa war zu diesem Zeitpunkt ein wichtiger Stützpunkt, der den Schiffsverkehr zwischen dem spanischen Königreich und dessen amerikanischen Kolonien sicherstellte. Die Spanier erkannten schnell die strategische Bedeutung der Kanarischen Inseln. Nach der Eroberung Teneriffas begann man damit, Zuckerrohr und Wein anzubauen. Wichtiger als die Landwirtschaft waren jedoch die Häfen der Insel, die Teneriffa zu einem bedeutenden Verkehrsknotenpunkt in der internationalen Schifffahrt machten und Handelsbeziehungen zwischen dem spanischen Mutterland und den amerikanischen Kolonien ermöglichten. Im Laufe der Jahrhunderte war Teneriffa immer wieder Schauplatz kriegerischer Auseinandersetzungen. Im 17. Jahrhundert kam es zwischen England und Spanien zu heftigen Auseinandersetzungen. Für Frieden auf der Insel sorgten erst einige Reformen im 19. Jahrhundert. Bis ins 21. Jahrhundert blieben die Spanier jedoch die Machthaber auf den Kanarischen Inseln, obwohl die Inselgruppe im Jahr 1912 eine Art örtliche Selbstverwaltung, die als Cabildos Insulares bezeichnet wurde, erhielt. Durch die neue Aufteilung der Inseln bekam Santa Cruz de Tenerife den Status einer Hauptstadt der westlichen Provinz. Zur West-Provinz der Kanaren gehörten damals neben Teneriffa auch die Inseln La Palma und La Gomera sowie El Hierro.

TENERIFFA erleben

Der Putsch des spanischen Generals Francisco Franco, der sich zur damaligen Zeit als Befehlshaber der spanischen Truppen auf den Kanarischen Inseln befand, veränderte im Juli 1936 nochmals die Machtverhältnisse auf den Kanaren. Aus Teneriffa wurde eine spanische Provinz, die noch lange unter den Folgen des Bürgerkrieges litt. In den 1950er Jahren war es wiederum Franco, der als Regierungschef Spaniens den Tourismus auf den Kanarischen Inseln förderte, sodass die ersten Urlauber auf die Insel kamen. Im Jahr 1959 landete der erste Charterflug aus Deutschland auf Teneriffa. Ab 1970 entwickelte sich der Tourismus rasant und ist inzwischen der wichtigste Wirtschaftszweig Teneriffas. Am 16. August 1982 erhielten die Kanarischen Inseln schließlich den lang erwarteten Autonomiestatus und werden seitdem als Comunidad Autónoma de Canarias (Autonome Gemeinschaft der Kanaren) bezeichnet. Das Besondere an dieser Inselgruppe, zu der Teneriffa als größte Insel gehört, besteht darin, dass sie geologisch zu Afrika, biogeografisch zu Makaronesien und politisch zu Spanien und somit zur Europäischen Union gehört.

Statue der Guanchenkönige in Candelaria

ESSEN & TRINKEN

Papas arrugadas mit Mojo-Soßen

Die typisch kanarische Küche vereint die Einflüsse verschiedener Kulturen und unterscheidet sich von den Küchentraditionen des spanischen Festlands. Man bezeichnet die Kanaren-Küche auch als gelungenen Mix aus südamerikanischer, spanischer und Guanchen-Küche. So ist die kanarische Küche sehr einfach und bodenständig.

Die Grundlage einer Mahlzeit besteht meist aus Fleisch oder Fisch und Kartoffeln. Viehhaltung und Getreideanbau waren bereits in der Frühzeit auf der Insel üblich. Die Guanchen bereiteten ihr Gofio aus Getreide zu. Noch heute gehört das Gofio, das inzwischen mit Fisch, Fleisch, Feigen und Oliven verfeinert wird, zu einer typisch kanarischen Mahlzeit dazu. Kartoffeln und Tomaten wurden auf Teneriffa erst von den spanischen Eroberern eingeführt. In der kanarischen Küche werden überwiegend Süßkartoffeln, Kichererbsen und Oliven verwendet sowie Kümmel, Knoblauch und Chili zum Würzen genutzt. Häufig wird Fisch á la Plancha serviert. Gern gegessen werden ebenfalls Huhn, Kaninchen und Ziege. Die Speisekarte besteht jedoch nicht nur aus Fleisch- und Fischgerichten, sondern enthält auch Tapas, Salate, Eintöpfe und süße Desserts. Als Urlauber auf Te-

TENERIFFA erleben

neriffa sollte man allerdings wissen, dass der Salat im Restaurant ohne Salatsoße serviert wird. Meist stehen Öl, Essig, Salz und Pfeffer am Tisch zur Verfügung oder werden vom Kellner gebracht. Zu einer Mahlzeit wird außerdem Brot mit roter oder grüner Mojo gereicht. **Die grüne Mojo, die auch als Mojo Verde bezeichnet wird, besteht aus Petersilie, Korianderkraut, grünem Paprika und Avocado. Sie wird mit Salz und Kümmel gewürzt und mit Öl angerichtet.** Die pikantere Version ist die rote Mojo, die aus rotem Paprika und Chilischoten hergestellt und mit Essig, Öl, Salz und Kümmel gewürzt wird. Besonders beliebt sind die Mojo-Soßen als Beigabe zu Papas arrugadas, den aromatischen Schrumpelkartoffeln, die man auf Teneriffa überall bekommt, vom Straßenimbiss bis zum 5-Sterne-Restaurant. Papas arrugadas mit Mojo sind deshalb eine typische Kanaren-Spezialität, die sich auch auf Teneriffa großer Beliebtheit erfreut. Für die Einheimischen sind die Kartoffeln aus lokalem Anbau das wichtigste Grundnahrungsmittel. Die „runzeligen Kartoffeln" werden in salzhaltigem Wasser gekocht, damit sie eine schöne Salzkruste bekommen und dann entweder als Beilage zu Fleisch- und Fischmahlzeiten oder als vegetarisches Hauptgericht gegessen.

> *Eine weitere Spezialität der Teneriffa-Küche, die man im Urlaub unbedingt probieren sollte, ist die Kichererbsen-Suppe. Auf Teneriffa werden Kircherbsen (Garbanzas) mit Chorizo zu einer leckeren Suppe verarbeitet. Die Kichererbsen-Suppe wird gern als Vorspeise gegessen, sie wird aber auch als Hauptgericht serviert. Kichererbsen werden in der kanarischen Küche auch für den Puchero Canario verwendet. Der kanarische Eintopf ist sehr reichhaltig und lecker. Er besteht aus einer ordentlichen Portion Fleisch, Süßkartoffeln und Gemüse wie Kohl, Mais und Kürbis. In der Regel wird das Fleisch mit dem Gemüse als Hauptgang serviert, während die Brühe als Suppe die Vorspeise bildet.*

Zu einer Mahlzeit wird auf Teneriffa meist Wasser getrunken. In den Hotels, Bars, Cafés und Restaurants der Insel gibt es auch frisch gepresste Fruchtsäfte sowie eine Vielzahl alkoholfreier und alkoholischer Getränke und Cocktails. Spanische Sangria kennt man auf Teneriffa ebenso wie Rotweine und Weißweine.

Die kanarische Weinschorle ist ein Rotwein mit Zitronenlimonade, die als Tinto de Verano bezeichnet wird. Kanarische Biersorten sind sehr erfrischend und geschmacklich ausgewogen. Auf Teneriffa wird Bier gebraut, das zu 100 Prozent aus natürlichen Zutaten besteht und Hopfen sowie kanarisches Wasser vulkanischen Ursprungs enthält. Kanarische Weine schmecken ausgezeichnet und haben in den vergangenen Jahren bereits viele internationale Preise gewonnen. Auf Teneriffa spielt der Weinanbau bereits seit dem Ende des 15. Jahrhunderts eine große Rolle. Die bekanntesten Weinanbaugebiete Teneriffas befinden sich in La Orotava, Arica, Güímar und Tacoronte-Acentejo. Einige der Weingüter können besichtigt werden. Oft werden Weinverkostungen auch als Ausflüge mit Abholung vom Hotel angeboten. Inselweine werden in vielen Restaurants und Bodegas auf der Insel serviert.

Das gastronomische Angebot auf Teneriffa ist äußerst vielfältig und reicht von der einfachen Imbiss-Bude über traditionelle Gasthöfe bis zu Spitzenrestaurants. Dabei wird zwischen verschiedenen Verköstigungsstätten unterschieden. So gibt es auf Teneriffa Restaurants, Bodegas und Guachinches. In einem Restaurant werden in der Regel lokale und internationale Gerichte serviert, oft findet man auf der Speisekarte auch Spezialitäten der Kanarischen Inseln. Das Preisniveau ist vom Restaurant-Typ sowie von der Lage des Gastronomiebetriebs abhängig. In den Badeorten an der Küste zahlt man meist mehr für ein komplettes Menü als im Restaurant in einem abgelegenen Bergdorf.

Eine Bodega ist in erster Linie ein Weinlokal. Dort werden Inselweine und oft auch Tapas serviert. Viele Einheimische verbringen gern viele Stunden in einer Bodega, um sich zu unterhalten und dabei ihr Glas zu leeren. In den Guachinches, den einfachen Lokalen, die sich auf die Landesküche spezialisiert haben, geht es sehr bodenständig zu. Dabei sitzt man größtenteils auf einfachen Klappstühlen an Holztischen, die mit einer Papiertischdecke bedeckt sind. Oft wird improvisiert und die Garage eines Bauernhauses einfach zum Gastraum umfunktioniert, wenn mit vielen Gästen gerechnet wird.

> *Die Guachinches servieren herzhafte Hausmannskost und haben oft Weine aus eigener Herstellung vorrätig. Beim Essen in den Guachinches trifft man oft auf Einheimische, die lokale Spezialitäten den internationalen Gerichten vorziehen.*

EINKAUFEN

Ob landestypische Souvenirs, aktuelle Mode, Kosmetik, Haushaltsgegenstände oder originelle Geschenke – beim Shoppen auf Teneriffa findet man alles, was das Herz begehrt.

Für ausgedehnte Shoppingtouren bieten sich die Innenstadt der Inselhauptstadt Santa Cruz de Tenerife sowie die Shoppingmalls, die es mittlerweile auch auf der Insel gibt, an. Das auf den Kanarischen Inseln übliche Preisniveau ist mit den Preisen in Deutschland vergleichbar. Die Möglichkeit, Schnäppchen zu machen, besteht oft bei den saisonbedingten Schlussverkäufen, bei denen die Rabatte bis zu 40 Prozent oder mehr betragen können. Das Shoppingzentrum Corte Inglés, das zentral in Santa Cruz gelegen ist, beherbergt das gleichnamige Kaufhaus sowie weitere Geschäfte, Apotheken, Restaurants und Schnellimbisse. In den kleineren Boutiquen im Stadtzentrum gibt es auch hochwertige Mode.

Frische Lebensmittel aus lokalem Anbau kauft man am besten auf den Märkten ein. Zu den größten Märkten auf Teneriffa zählt der Mercado de Nuestra Señora de África in Santa Cruz de Tenerife, der allerdings als Touristen-Attraktion gilt und daher nicht unbedingt die günstigste Alternative ist. **Qualitativ hochwertige Lebensmittel findet man vor allem auf den Bauernmärkten, den Mercadillos del Agricultor.** Die auf einem Bauernmarkt angebotenen Produkte stammen aus der lokalen Landwirtschaft. Mit dem Erwerb regionaler Erzeugnisse unterstützt man gleichzeitig die Kleinbauern von Teneriffa, die ihr Obst und Gemüse zudem zu niedrigen Preisen anbieten. Generell kostet das Obst und Gemüse auf Teneriffa nur einen Bruchteil der Summe, die in Deutschland dafür verlangt würde. Außerdem schmecken das frisch geerntete Gemüse sowie die einheimischen Obstsorten sehr lecker. Außer Früchten und Gemüse gibt es auf den Bauernmärkten auch hervorragenden Käse, eine Vielzahl an Gewürzen sowie kanarischen Wein. Häufig bieten auch Kunsthandwerker ihre Waren auf einem Mercadillo del Agricultor an.

TENERIFFA erleben

Zu den schönsten Bauernmärkten auf Teneriffa zählt der Markt von El Médano im Süden der Insel. Dieser Markt findet jede Woche samstags und sonntags zwischen 9 und 14 Uhr statt. Die Markthalle befindet sich oberhalb des Ortes. Im Inselnorden sind die Bauernmärkte von La Orotava, Tacoronte und Tegueste für ihr reichhaltiges Angebot bekannt. Der Bauernmarkt von La Orotava findet jeden Samstag zwischen 8 und 13.30 Uhr statt, während der Mercadillo del Agricultor in Tegueste jeweils samstags und sonntags von 8 bis 13 Uhr geöffnet ist. In Tacoronte kann man immer am Samstag und Sonntag zwischen 8 und 14 Uhr auf dem örtlichen Bauernmarkt frische, regionale Produkte einkaufen. Lokal angebautes Obst und Gemüse bekommt man auch in der Markthalle Mercado de Nuestra Señora de África in der Hauptstadt Santa Cruz de Tenerife. Diese ist täglich zwischen 7 und 14.30 Uhr geöffnet. Außerdem gibt es in San Cristóbal de La Laguna eine weitere Markthalle, wo man jeden Tag zwischen 6 und 14 Uhr frische Waren bekommt. Jedoch stammen nicht alle Produkte, die auf den Märkten und in den Markthallen Teneriffas angeboten werden, auch von der Insel. Da lokales Obst und Gemüse frischer und meist günstiger ist, sollte beim Einkaufen auf das Herkunftsland der Waren geachtet werden.

Supermärkte und Discounter gibt es überall auf Teneriffa. Die bekanntesten Supermarktketten, die in vielen Städten und Dörfern Filialen besitzen, sind Carrefour, Hiperdino, Alcampo und Coviran. Seit einiger Zeit findet man auf Teneriffa viele Niederlassungen des deutschen Discounters Lidl, sodass auch im Teneriffa-Urlaub nicht auf die gewohnten Lebensmittel verzichtet werden muss. Kleinere Lebensmittelgeschäfte in den Dörfern bieten eine Grundversorgung, jedoch ist meist wenig Auswahl vorhanden. Teuer sind die Läden, die sich innerhalb von Hotel- und Ferienanlagen befinden. Zwar ist es bequemer, in unmittelbarer Nähe der Ferienunterkunft einzukaufen, um zu sparen lohnt es sich allerdings, nach günstigeren Angeboten Ausschau zu halten. Auf Teneriffa gibt es beinahe an jeder Straßenecke einen Kiosk. Dort bekommt man kalte Getränke, Zigaretten, Süßigkeiten, Sonnenschutzmittel und oft auch kleine Snacks. Viele dieser Mini-Läden sind bis spätabends geöffnet. In der Regel befindet sich an fast jedem Strand mindestens ein Kiosk, wo man sich zwischendurch mit Essen und Getränken versorgen kann.

PLAYA DE LAS TERESITAS –
Relaxen am Strand

Was gibt es Schöneres, als am Strand unter Palmen zu liegen und zu relaxen?

Besonders nach einem anstrengenden Tagesausflug oder einer Besichtigungstour ist der nächste Urlaubstag wie geschaffen für eine Auszeit am Strand. Auf Teneriffa gibt es eine wahre Vielfalt an Stränden, sodass die Auswahl schwerfällt. Als besonderes Aushängeschild gilt die Playa de Las Teresitas im Norden der Insel. Der Strandabschnitt mit dem goldgelben Sand gehört zum Dorf San Andrés und wird von zahlreichen Palmen umrahmt. Da sich der Las-Teresitas-Strand in der Nähe der Hauptstadt Santa Cruz befindet, ist die Playa auch bei den Einheimischen sehr beliebt. Einige Molen sorgen für ruhigen Wellengang, sodass der Strand familienfreundlich und für Spaziergänge am Wasser geeignet ist. Der zwei Kilometer lange Atlantikstrand besteht aus drei Abschnitten: Las Teresitas, Los Moros und Tras la Arena. Wie beinahe überall auf Teneriffa ist der Sand vulkanischer Herkunft und daher schwarz. In Las

2h **Norden**

Teresitas wurde der schwarze Sand jedoch mit weißem, aus der Sahara beschafftem Sand aufgefüllt, sodass eine goldgelbe Mischung entstand, die der Playa de Las Teresitas ein karibisches Flair verleiht. Im nahe gelegenen Ort San Andrés gibt es bislang kaum Tourismus, seitdem sich die Stadtverwaltung vor einigen Jahren gegen den Bau von Hotelanlagen entschieden hat. Daher wird der 1.300 Meter lange und etwa 80 Meter breite Las-Teresitas-Strand auch vorwiegend von Einheimischen aus der Gegend genutzt. Der Strandbereich punktet mit guter Infrastruktur. Neben Duschen und Badeaufsicht ist auch ein barrierefreier Zugang vorhanden. Nach dem Sonnenbaden oder Schwimmen kann man sich bei einem coolen Drink in einer der Strandbars erfrischen. Für die Versorgung mit kühlen Getränken und kleinen Snacks gibt es außerdem einen Chiringuito (Kiosk). Typisch kanarische Küche bekommt man in den Restaurants in San Andrés. Obwohl sich die Playa de Las Teresitas relativ nah am Industriehafen Puerto Deportivo Marina Tenerife befindet, fühlt man sich eher wie in der Karibik. Den gesamten Sandstrand und die Palmenlandschaft kann man von der Aussichtsplattform oberhalb des Ortes San Andrés überblicken.

#1

Playa de Las Teresitas in San Andrés

Die kleine Stadt Taganana inmitten des Anaga-Gebirges

TAGANANA –
Die Stadt mit der besten Aussicht auf Teneriffa

Die kleine Stadt Taganana liegt inmitten des Anaga-Gebirges am nördlichsten Punkt der Insel Teneriffas.

Von dort hat man nicht nur eine einzigartige Sicht auf das Meer, sondern auch über weite Teile der Kanareninsel. Die Landschaft wird durch Felsen, hohe Klippen und terrassenartige Felder geprägt. Kleine einsame Strandbuchten laden zum Baden ein und die Häuser in den Dörfern der Region sind im typischen kanarischen Architekturstil erbaut. Das Städtchen Taganana, das bereits im Jahr 1501 von den spanischen Eroberern gegründet wurde, zählt zu den ältesten Städten auf Teneriffa. Die Kirche von Taganana ist eine der ersten auf der Insel errichteten Gotteshäuser und bekannt für ihre kostbaren Altarbilder im Gebetssaal. Die Gegend um Taganana ist perfekt zum Wandern, Klettern und Bergsteigen. Zahlreiche Wanderwege führen von der kleinen Stadt in die umliegenden Berge. In Taganana erlebt man die ursprüngliche und wilde Seite Teneriffas und kann beim Wandern den Alltag komplett

⏱ 2h 📍 Norden

hinter sich lassen. Der Ort selbst hat sich seinen ursprünglichen Charme bewahrt. Die bekanntesten Sehenswürdigkeiten sind die Kirche Iglesia de Nuestra Señora de las Nieves im Dorfzentrum sowie die Kapelle Ermita de Santa Catalina. Am Dorfplatz, der Plaza de Nuestra Señora de las Nieves, treffen sich die Einheimischen gern zum gemütlichen Plausch im Schatten der Lorbeerbäume.

WIE KOMMT MAN HIN:

Taganana erreicht man über eine Straße von Santa Cruz aus. Eine weitere Strecke führt von La Laguna durch den Lorbeerwald nach Taganana. Die schönste Aussicht über die gebirgige Landschaft hat man vom Aussichtspunkt El Bailadero.

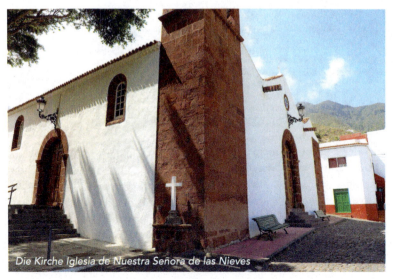

Die Kirche Iglesia de Nuestra Señora de las Nieves

DIE REIZVOLLE KAPELLE SAN TELMO besichtigen

In der Stadt Puerto de la Cruz steht eine kleine weiße Kapelle an der atlantischen Küste.

Das berühmte Gotteshaus aus dem 17. Jahrhundert bildet durch die strahlend weiße Fassade einen eindrucksvollen Kontrast zum blauen Meer. In der Kapelle San Telmo finden regelmäßig Veranstaltungen, Konzerte, Lesungen und sogar deutschsprachige

2h Norden

Die Kapelle von San Telmo

richtet. Allerdings wurden die beiden Bauwerke im 17. Jahrhundert zerstört. Erst im Jahr 1780 begann man damit, auf dem gleichen Felsen eine Kapelle als Schutz vor Piraten zu errichten. Um das kirchliche Gebäude vor dem Verfall zu bewahren, wurden 1968 umfangreiche Restaurierungsmaßnahmen durchgeführt. Die Renovierung erfolgte auf Initiative deutschsprachiger Katholiken auf Teneriffa, die mit einer eigenen Gemeinde im Ort San Telmo vertreten sind. Mittlerweile ist die Kapelle San Telmo wieder für Besucher geöffnet. Die Ruhe und Stille im kleinen Kirchengebäude bildet einen krassen Gegensatz zur quirligen Lebensweise in Teneriffas Hauptstadt. Am Strand von San Telmo ist auch Schwimmen möglich. Der Ort selbst bietet alles, was man für einen erholsamen Urlaubstag braucht.

Gottesdienste statt. Der Vorplatz der Kapelle wird von bunten Pflanzen gesäumt, die dem Ort einen farbenfrohen Akzent verleihen. Besucher können sich auf Parkbänken niederlassen, die grandiose Aussicht bewundern und sich vom Spaziergang ausruhen. Die erste Kapelle wurde bereits im Jahr 1626 an diesem malerischen Ort erbaut. Damals waren es die Fischer, die ein Mini-Gotteshaus für den heiligen Pedro González Telmo errichteten, jedoch befand sich das Bauwerk damals nicht am heutigen Standort. Neben der ursprünglichen Kapelle wurde ein Klosterbau er-

Kapelle San Telmo

#3

#4

2h

KANARISCHE HERRSCHAFTSHÄUSER BESTAUNEN – Die Casa de los Balcones in Orotava

La Orotava ist eine Stadt mit großer architektonischer Vergangenheit.

Im traditionellen kanarischen Stil erbaute Herrschaftshäuser reihen sich in der Calle San Francisco aneinander. Ein Besuch in der Stadt im Norden Teneriffas bietet eindrucksvolle Einblicke in die

Die Balkone der Casa de los Balcones in der Altstadt

faszinierende Architektur der Kanarischen Inseln. Viele der kleinen gepflasterten Straßen wurden bereits im Mittelalter angelegt. Aufwendig gearbeitete Holzbalkone, die mit kunstvollen Schnitzereien verziert sind, erinnern an den Reichtum längst vergangener Epochen. Die Balkone aus Holz stellen das besondere Merkmal kanarischer Bürgerhäuser dar und sind kulturhistorisch von großer Bedeutung. Eines der wichtigsten Häuser dieser Art ist die Casa de los Balcones. Das Gebäude stammt aus dem Jahr 1632 und ist heute eine Art Museum. Die Räumlichkeiten des herrschaftlichen Hauses sind mit alten Einrichtungsgegenständen gefüllt, die an die ehemaligen Besitzer erinnern. Die Casa de los Balcones gilt als Paradebeispiel für Häuser dieses typisch kanarischen Architekturstils. Seinen Namen verdankt das historische Haus seinen vielen Balkonen, die sich in jedem der drei Stockwerke befinden. Die mit Blumen verzierten und handgearbeiteten Holzbalkone sind ein Kleinod vergangener Kanaren-Architektur. Im Inneren dieses architektonischen Juwels aus dem 17. Jahrhundert befindet sich ein wunderschöner Innenhof. Dort sind

Die Balkone der Casa de los Balcones in der Altstadt

Gegenstände typisch kanarischer Handwerkskunst ausgestellt, wie etwa Stickereien und geflochtene Körbe. Wie die traditionellen Produkte früher von Hand hergestellt wurden, erfährt man, wenn man die Räume im Inneren des Hauses besichtigt. Dort bekommt man einen Eindruck, wie das Leben der Einheimischen vor etwa 200 Jahren ausgesehen hat. Ein weiteres kanarisches Herrenhaus befindet sich auf der anderen Straßenseite.

Die Casa del Turista ist ein herrschaftliches Gebäude mit großem Innenhof. Von dort aus hat man einen wunderbaren Ausblick auf den Teide. In der Casa del Turista sieht man die Sandteppiche, die in La Orotava traditionell zu Fronleichnam die Straßen schmücken. Neben diesem Haus in der gleichen Straße befindet sich die Casa Lercaro. Dieses imposante Herrenhaus beherbergt ein Restaurant sowie eine bekannte Cafeteria. Die Casa Lercaro ist ein beliebter Treffpunkt, um sich nach der Besichtigung der Herrenhäuser etwas auszuruhen und einen spanischen Milchkaffee (Cafe con Leche) zu genießen. In der Stadt La Orotava haben die Holzschnitzkunst sowie die Herstellung von Keramik und Tongegenständen eine lange Tradition. Auch die prachtvolle Stickkunst ist typisch für diese Region der Kanarischen Inseln. In der Casa Lercaro befindet sich inzwischen ein Ausbildungszentrum für Handwerkskunst. Außerdem werden vor Ort verschiedene handgearbeitete Souvenirs zum Kauf angeboten.

2h   Norden

An den kunsthandwerklichen Ständen im Gebäude findet man eine Vielzahl kunstvoller Gegenstände sowie Skulpturen und aufwendig gestaltete Sandbilder. Das Herrschaftshaus mit den handgearbeiteten Holzbalkonen stammt aus dem 17. Jahrhundert. Die Balkone bestehen aus Holz der kanarischen Kiefer. Bei Kiefernholz handelt es sich um eine besonders haltbare Holzart, die auch nach vielen Jahren kaum Spuren der Verwitterung aufweist. Mit viel Liebe und Sorgfalt wurde jeder einzelne Balkon mit exklusiven Schnitzereien verziert. Der schönste Balkon ist der Holzbalkon in der oberen Etage, der direkt an die Fassade des Hauses angebaut wurde. Die anderen fünf Holzbalkone hat man auf einem hölzernen Unterbau errichtet und sie anschließend mit schmiedeeisernen Geländern versehen. Im Innenhof der Casa kann man es sich unter schattenspendenden Palmen gemütlich machen und die üppige tropische Vegetation bestaunen. Die exotischen Gewächse ranken von den Holzbalkonen bis in den Innenhof hinunter und machen den Patio zu einer grünen Oase.

> **ÜBRIGENS:**
>
> Im grünen Norden der Insel Teneriffa gibt es viele Häuser mit traditionellen Holzbalkonen. Die Herrschaftshäuser in La Orotava sind jedoch besonders schön. Neben der Casa de los Balcones gibt es in der gleichen Straße einige weitere außergewöhnliche Bauwerke. Beim Ausflug nach La Orotava gehört daher die Kamera unbedingt ins Gepäck! In den Häusern und Innenhöfen gibt es zahlreiche wundervolle Fotomotive. Das Handwerkszentrum für Stickereien, das in der Casa de los Balcones untergebracht ist, erhielt für seine Lehrarbeit schon zahlreiche Preise und Auszeichnungen.

#9

#5
IM LAGO MARTIÁNEZ SCHWIMMEN –
Badespaß in einer außergewöhnlichen Umgebung

Der Lago Martiánez ist das Naturschwimmbad in Puerto de la Cruz und beeindruckt bereits durch seine außergewöhnliche Architektur.

Das Schwimmbad, das eine Fläche von 33.000 Quadratmetern umfasst und sich unmittelbar am Atlantik befindet, ist das gelungene Werk eines einzigartigen Künstlers. Der berühmte Bildhauer und Landschaftsgestalter Cesar Manrique, der von der benachbarten Insel Lanzarote stammt, setzte sich mit dem von ihm gestalteten Lago Martiánez schon zu Lebzeiten ein Denkmal. Die beeindruckendste Badelandschaft der Kanarischen Inseln trägt den Stempel des weltbekannten Künstlers. Cesar Manrique ist es auf eindrucksvolle Weise gelungen, die Natur seiner Heimat mit dem Badevergnügen in einem großzügigen Schwimmbad zu verbinden und gleichzeitig ein einzigartiges Kunstwerk zu schaffen.

⏱ 2h 📍 Norden

Der Lago Martiánez ist am besten zu Fuß erreichbar, denn die riesige Badelandschaft befindet sich zentral in der Innenstadt von Puerto de la Cruz. Der Mietwagen kann auf dem Parkplatz an der Mole geparkt werden. Von dort aus ist das Schwimmbad nur einige Minuten Fußweg durch die belebte Innenstadt entfernt.

Lago Martiánez in Puerto de la Cruz

Auf Teneriffa gibt es ebenso wie auf dem spanischen Festland besonders gekennzeichnete Verbotszonen, in denen nicht geparkt werden darf. Bei Verstößen gegen die Parkvorschriften droht eine „Multa" (Strafzettel). Es gibt allerdings in der Umgebung des Lago ausreichend Parkmöglichkeiten und die gelb umrandeten Parkverbotszonen sind deutlich erkennbar und können daher vermieden werden.

Lago Martiánez

#5

ROMANTISCHE MOMENTE GENIESSEN –
den Sternenhimmel über Teneriffa entdecken

Teneriffa gilt nicht nur wegen des angenehmen Klimas, der schönen Strände und der eindrucksvollen Gebirgslandschaften als gesegnete Insel.

Die größte der Kanarischen Inseln hat auch in puncto Romantik viel zu bieten. Der beste Ort für eine nächtliche Sternenbeobachtung ist der höchste Gipfel der Insel, der von der Lichtverschmutzung städtischer Gebiete weit entfernt ist. Der Himmel im Teide-Nationalpark zählt schon seit 2014 zu den „Starlight-Zielen" für die Beobachtung von Sternen und anderen Himmelskörpern. Eine Auszeichnung, die der Nationalpark von der Starlight Foundation erhielt, weist darauf hin, dass alle Anforderungen zum Schutz des Himmels sowie zum Erhalt von Natur- und Kulturgütern erfüllt wurden.

In unserer Galaxie existieren etwa vierhundert Milliarden Sterne. Diese erstaunliche Zahl ist jedoch unbedeutend verglichen mit der Anzahl der Sterne, die zur Milchstraße gehören. Diese besteht nämlich aus tausend Milliarden Sternen. Der Sternenhimmel, den man von der Erde aus betrachten kann, bietet jede Nacht 88 Sternbilder. Von Teneriffa aus soll es

⏱ 2h 📍 Norden

Sternenhimmel im Teide-Nationalpark

Sternenweg über dem Teide

Teide Observatorium

möglich sein, sogar 83 von 88 offiziell bekannten Sternbildern zu sehen. Vom Aussichtspunkt im Teide-Nationalpark können alle Sternbilder der nördlichen Hemisphäre sowie die meisten Sternbilder der südlichen Hemisphäre betrachtet werden. Zum Erkunden des Nachthimmels werden vor Ort Teide-Ausflüge bei Nacht angeboten. Die Touren, die mehrere Stunden dauern, beginnen bei Sonnenuntergang. Die Teilnehmer werden zunächst in einem komfortablen Transportmittel zu einem der besten Aussichtspunkte des Nationalparks gebracht. Danach nimmt man an einer astronomischen Himmelsbetrachtung in 2.365 Metern Höhe teil. Durch Teleskope schaut man in den nächtlichen Himmel und kann dort faszinierende Beobachtungen machen. An klaren Tagen ist der Nachthimmel über Teneriffa mit Sternen übersät. Die natürliche Schönheit der Vulkanlandschaft wirkt wie in ein blasses Licht getaucht. Bei Nacht sieht die gebirgige Umgebung fast unwirklich aus. Mithilfe einer Sternkarte und des Teleskopfernrohres können Planeten, Satelliten und Sternenkonstellationen, die Lichtjahre von der Erde entfernt sind, identifiziert werden. Fast hat man den Eindruck, als würden sich die Sterne stetig vermehren.

WICHTIG ZU WISSEN:

Auf dem Teide kann es nachts empfindlich kalt werden. Auch im Sommer sind eine Jacke, ein dicker Pullover und feste Schuhe die ideale Bekleidung, wenn es zum Sternebeobachten ins Gebirge geht.

#7 — 2h

HOBBY-HÖHLENFORSCHER AUFGEPASST – in der Cueva del Viento gibt es viel zu entdecken

Auf Teneriffa gibt es zahlreiche Höhlen, Steingalerien und urige Lava-Formationen, die nur darauf warten, entdeckt zu werden.

Eine besonders interessante Höhle ist die Cueva del Viento, die Höhle des Windes, die sich bei der Ortschaft Icod de los Vinos befindet. Einst entdeckte eine Ziegenhirtin die längste Lavahöhle Europas, heutzutage ist die mächtige Höhle eine der berühmtesten Sehenswürdigkeiten der Insel. Für Höhlenforscher stellt die Erforschung des Höhlensystems immer noch eine interessante Herausforderung dar. Die ersten geologischen Erkundungen in der größten vulkanischen Röhre fanden jedoch erst in den 1960er-Jahren statt. Das atemberaubend schöne, von der Natur geschaffene Höhlensystem, in dem bisher lediglich 17 Kilometer erschlossen sind, ist seit Juni 2008 zu einem kleinen

⏱ 2h   📍 Norden

Teil für Besucher geöffnet, die bei einer Höhlenwanderung die fünftgrößte Lavahöhle der Welt entdecken wollen. Derzeit kann man in Begleitung eines Guides etwa 190 Meter weit in das Innere der Cueva del Viento vordringen und durch die unterirdischen Gänge im Inneren der Höhle laufen. Die Entstehung der Höhle ist auf einen Vulkanausbruch des Pico Viejo, einem Vulkankegel, der sich in der Nähe des Teide befindet, zurückzuführen. Durch die Lavaströme, die beim Ausbruch des Vulkans ins Tal flossen, entstand ein vulkanischer Tunnel. Dieser bildet sich im Inneren von Lavaströmen, wenn fließende Lava mit der Luft in Berührung kommt, sodass sich die Oberfläche der Lava verfestigt. Das Ökosystem einer Lavaröhre ist äußerst fragil. Deshalb gibt es auch nur vier tägliche Führungen durch die Cueva del Viento, wobei die Teilnehmerzahl einer Tour auf maximal 16 Personen begrenzt ist. Dadurch will man außerdem verhindern, dass der natürliche Lebensraum im Höhlenlabyrinth so verändert wird, dass Flora und Fauna geschädigt werden. Die Sorge um die Natur ist auch der Grund, warum die Regierung der Kanaren bislang nur den kleinen Teil der Höhle für Besichtigungen freigegeben hat. Forscher wollen kürzlich entdeckt haben, dass im Bereich der Lavahöhlen verschiedene Pflanzenarten, die weltweit einmalig sind und nur auf Teneriffa vorkommen, gedeihen. Mittlerweile gibt es sogar Anzeichen dafür, dass im Höhlensystem längst ausgestorbene Riesenechsen gelebt haben könnten. Aufgrund günstiger klimatischer Bedingungen sind die Überreste dieser Tiere erhalten geblieben, sodass es möglich ist, diese Echsenarten zu erforschen. Im Höhlensystem der Cueva del Viento herrscht eine Art Kamineffekt. Da der Wind ständig durch die bisher entdeckten sieben Einstiege pfeift, nannten die Einheimischen die Lavaröhre kurzerhand Cueva del Viento, auf Deutsch: Höhle des Windes.

> **ⓘ WAS MAN WISSEN SOLLTE:**
>
> *Eine Führung durch die Cueva del Viento dauert etwa 2 bis 3 Stunden. Die Höhlenwanderung entspricht einem mittleren Schwierigkeitsgrad. Im Inneren der Wind-Höhle hält man sich circa 45 Minuten auf. Besichtigt wird dabei ein Areal, das rund 250 Meter umfasst. Es sollten lange Hosen sowie festes Schuhwerk getragen werden. Für Menschen mit Platzangst, Personen mit eingeschränkter Mobilität sowie für Kinder unter 5 Jahren ist diese Höhlentour nicht geeignet.*

#8

2h

KLETTERN ÜBEN
in einem der besten Freeclimbing-Gebiete auf Teneriffa

Als größte Kanareninsel, die zudem von Gebirgsketten durchzogen wird, ist Teneriffa wie geschaffen zum Klettern und Bergsteigen.

Auf der Insel befindet sich eines der besten Freeclimbing-Gebiete Spaniens. In Tabares im Norden der Insel gibt es insgesamt 110 Routen, die in alle Himmelsrichtungen führen und sich perfekt zum freien Klettern eignen. Tabares, das in einem Schluchtkessel unterhalb eines Vorortes nördlich der Inselhauptstadt gelegen ist, gilt unter Klettersportlern als Geburtsstätte des Klettersports auf Teneriffa. Besonders beliebt ist der 11.3 Kilometer lange Streckenabschnitt, der von Las Nieves über Valle Tabares nach Santa Cruz de Tenerife führt. Unterwegs entdeckt man schöne Wildblumen und kann an einigen Aussichtspunkten einen herrlichen Ausblick über die gebirgige Landschaft genießen. Die Route, die das ganze Jahr über zugänglich ist, wird als moderat eingestuft. Obwohl beim Freiklettern ja nur die Hände und Füße zur Fortbewegung verwendet werden und auf künstliche

⏱ 2h   📍 Norden

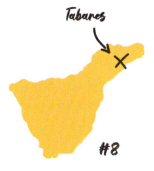

Tabares

#8

Hilfsmittel wie Wanderstöcke verzichtet werden muss, kommt man in diesem Gelände gut vorwärts. Da beim Freeclimbing lediglich die Felsen genutzt werden, passt diese Sportart wunderbar zu Teneriffa. Die gebirgige Landschaft im Norden der Insel ist wie geschaffen für kürzere oder längere Freeclimbing-Ausflüge. Anfängern, die zum ersten Mal im Gebirge unterwegs sind, wird empfohlen, zunächst eine leichte Route zu wählen oder sich einfach einer organisierten Tour anzuschließen. Auf jeden Fall lernt man beim Freiklettern die vielseitige Flora und Fauna von Teneriffa aus nächster Nähe kennen.

2h Norden

Wer einen Museumsbesuch mit einem erfrischenden Drink an der Bar verbinden möchte, landet auf Teneriffa oft im Abaco.

Die beliebte Cocktailbar befindet sich oberhalb von Puerto de la Cruz in einem aufwendig restaurierten luxuriösen Landsitz, der gleichzeitig ein Museum und ein Restaurant beherbergt. Während man tagsüber im Museum, das in diesem typisch kanarischen Herrenhaus aus dem 18. Jahrhundert untergebracht ist, interessante Ausstellungsstücke und Unikate aus aller Welt zu sehen bekommt, lässt man sich abends fantasievolle Cocktails servieren und kann zu den Klängen von Pianomusik entspannen. Die Räumlichkeiten, die mit kostbarem Mobiliar ausgestattet und mit Blumen und frischen Früchten dekoriert sind, verströmen den Charme längst vergangener Zeiten. In der Cocktailbar verwendet man die eigens für das Abaco kreierten exklusiven Gläser, um die Cocktails entsprechend zu präsentieren. An den Wochenenden finden in der Abaco-Bar oft klassische Konzerte oder kleine Jazz-Veranstaltungen statt. Außerdem wird das malerische Herrenhaus oft als Event-Location für allerlei Cocktailempfänge, Hochzeiten und Abendessen in festlichem Rahmen genutzt.

UNSER TIPP:

Die romantische Gartenanlage eignet sich prima für einen kleinen Spaziergang. Zudem kann man vom Abaco aus einen tollen Ausblick genießen. Ideal ist eine Besichtigung des Museums am Nachmittag, da die Cocktailbar am frühen Abend öffnet und man sich nach dem Museumsbesuch einen exotischen Cocktail gönnen kann.

Abaco

#9

#10
2h
EINFACH ABTAUCHEN
und unter Wasser nach Schätzen suchen beim Wracktauchen vor Teneriffa

Wer hat noch nicht davon geträumt, einmal einen Schatz zu finden?

Beim Wracktauchen im Urlaub auf Teneriffa gibt es nicht nur eine bunte Unterwasserwelt, sondern auch interessante Schiffswracks zu entdecken. Tauchen und Schiffswracks aus der Nähe zu betrachten, ist auf den Kanaren ein kleines Abenteuer. Mit etwas Glück findet man beim Tauchen vor der Küste von Teneriffa das ein oder andere Relikt aus einer längst vergangenen Zeit. Das Erkunden gesunkener Schiffe ist eine unglaublich spannende Sache, die nicht nur auf erfahrene Taucher eine magische Anziehungskraft ausübt. Bemerkenswert ist die Tatsache, dass durch die Schiffswracks künstliche Riffe geschaffen werden, die sonst nicht existieren würden. Ein Urlaub auf der größten Kanareninsel ist daher eine tolle Gelegenheit, um einfach mal abzutauchen und ein vor langer Zeit versunkenes Schiff

2h Norden

zu entdecken. Vor der Küste findet man jedoch nicht nur alte und verrostete Wrackteile, sondern auch komplette Wracks wie das Schiffswrack von Tabaiba, einem Schiff, das vor vielen Jahren vor Teneriffa auf Grund gelaufen ist und sich in einem guten Zustand befindet. Das Wrack liegt im Tauchgebiet von Tabaiba Baja in der Region von El Rosario. Bevor mit dem Wracktauchen begonnen werden kann, muss man zunächst mit einem Boot auf den Atlantik hinausfahren. Sobald man den Zielpunkt erreicht hat, beginnt das große Abenteuer. Vom Schiff aus wird abgetaucht und unter Wasser sieht man sich plötzlich ganzen Schwärmen von Meeresbewohnern gegenüber. In diesem Seegebiet sind Scharen von Sardinen und Makrelen anzutreffen. Häufig begegnet man beim Tauchen auch bunten Papageifischen. Um das Schiffswrack herum ist auch mit Raubfischen wie Rochen und Barrakudas zu rechnen. Die maximale Tauchtiefe in diesem Gebiet beträgt etwa 30 Meter. Meist geht es beim Wracktauchen jedoch in eine Tiefe von 20 Metern. Nach einer durchschnittlichen Tauchzeit von 40 Minuten kommt man wieder an die Wasseroberfläche und kann stolz von seinen Erlebnissen unter Wasser berichten.

#11

RIESIGE WELLEN BEOBACHTEN

und sich am Vulkansandstrand sonnen an der Playa del Socorro im Norden Teneriffas

2h Norden

Bei Los Realejos im Norden der Insel liegt die Playa del Socorro, die wegen ihrer hohen Wellen besonders bei Wellenreitern sehr beliebt ist.

Da die Strömung an diesem Küstenabschnitt sehr stark ist, sollte man als ungeübter Schwimmer nicht zu weit rausschwimmen. Allerdings gibt es an der Playa del Socorro auch eine Station, an der Rettungsschwimmer Wache halten. Aufgrund der guten Wassersportbedingungen trifft man häufig auf Surfer und andere Wassersportler. Wer lieber am Strand entspannen oder via Smartphone im Internet surfen will, kann hier kostenloses WLAN nutzen. Der Socorro-Strand wurde für den ausgezeichneten Zustand des Wassers sowie für die gute Infrastruktur mit der Blauen Flagge ausgezeichnet. Vom Vulkansandstrand aus hat man einen wundervollen Blick auf die Gebirgszüge und die zerklüftete Felslandschaft im nördlichen Teneriffa. Der Strand gehört zur Gemeinde Los Realejos, die etwa 41 Kilometer von der Inselhauptstadt Santa Cruz entfernt ist. Die Kleinstadt, die einst von spanischen Eroberern gegründet wurde, gehörte durch die Ansiedlung wohlhabender Kaufleute zu den reicheren Gebieten von Teneriffa.

Der ehemalige koloniale Reichtum ist heute noch am historisch-künstlerischen Erbe der Gemeinde sichtbar, die größtenteils aus einigen Kirchen besteht. Im Fokus steht dabei die Kirche Santiago Apostol, denn sie ist das erste Gotteshaus, das auf Teneriffa bereits im Jahr 1496 errichtet wurde. Inzwischen hat man die älteste Kirche der Insel zum nationalen historischen Denkmal ernannt. Bei

Der Playa del Socorro in Los Realejos

den Einheimischen ist Los Realejos vor allem durch die zahlreichen Feste und Feierlichkeiten bekannt. Während der Karnevalszeit wird hier groß gefeiert. Das älteste Fest „La Invención de la Cruz", das kurz nach dem Ende der spanischen Eroberung 1496 von Bischof Muros ins Leben gerufen wurde, findet alljährlich im Mai statt. Die Feierlichkeiten, an denen sich neben den Stadtbewohnern auch viele Besucher beteiligen, bestehen aus Tänzen, Umzügen und Feuerwerken. In den Tagen vor dem festlichen Ereignis werden die Häuser im Ort ebenso wie die Kapellen und Kirchen mit Blumen und Zweigen geschmückt. Der Höhepunkt der Feierlichkeiten ist das große Feuerwerk am 3. Mai, das man sich nicht entgehen lassen sollte, wenn man zu dieser Zeit auf der Insel weilt. Am Abend des Feiertags verwandeln sich die beiden Hauptstraßen Calle del Sol und Calle del Medio in wahre Feuerkastelle, die sich mit einem grandiosen Schauspiel der Feuerwerkskunst gegenseitig überbieten wollen. Das Los-Realejos-Feuerwerk dauert circa 2,5 Stunden und gilt als absolutes Highlight im Rahmen der Festlichkeiten.

⏱ **2h** 📍 **Norden**

Auch außerhalb der Festsaison haben Los Realejos und die Playa del Socorro einiges zu bieten. In der Nähe der Ortschaft befinden sich einige interessante Aussichtspunkte wie der Mirador de la Corona im Stadtteil Icod el Alto, den man über die Landstraße TF-342 erreicht. Von dort aus hat man eine herrliche Sicht über den Nordosten von Teneriffa und das Tal von La Orotava. An der Straße, die in Richtung Icod el Alto führt, befindet sich mit dem Mirador de El Lance ein weiterer Aussichtspunkt, der gleichzeitig ein mystischer Ort ist. Der Überlieferung zufolge soll sich dort in früherer Zeit der Guanchenkönig Bentor aufgehalten und in den Tod gestürzt haben, um der Demütigung zu entgehen, versklavt zu werden. Die historische Bedeutung der Gegend wird heutzutage jedoch kaum beachtet, wenn sich Badegäste und Surfer ihren Wassersporthobbys widmen. Wer die Region nicht gut kennt, sollte unbedingt auf die starken Wellen und Strömungen achten. Da auf die Intensität der Wellen an diesem Küstenabschnitt immer Verlass ist, finden hier häufig Surf-Wettbewerbe und Meisterschaften statt. In den Wintermonaten können die Wellen und Unterwasserströmungen . jedoch sehr unberechenbar sein, sodass das Surfrevier für Wassersport-Anfänger wenig geeignet ist. Von einigen der dort ansässigen Surfschulen werden ganzjährig Kurse sowie Surfbretter zum Ausleihen angeboten. An schönen Tagen, und davon gibt es auf Teneriffa sehr viele, ist die Playa del Socorro ein herrliches Fleckchen Erde mit tiefblauem Wasser und strahlend weiß aufschäumender Gischt. Man liegt auf glitzernd schwarzem vulkanischem Sand und blickt auf die sattgrün bewachsenen Felsen, während man dem sanften Meeresrauschen lauscht.

> ℹ **GUT ZU WISSEN:**
>
> *Der 400 Meter lange und etwa 60 Meter breite El-Socorro-Strand ist mit dem Mietauto über die Carretera General del Norte (C-820) erreichbar. Um zum Strand zu gelangen, biegt man beim Mirador de San Pedro auf eine gut ausgeschilderte Straße ab, die bis zur Küste führt.*

#12

VERBUNDENHEIT MIT DER NATUR
genießen an der Playa de las Gaviotas

Das ungestüme Meer mit riesigen Wellen, schwarzen Lavasand und die Verbundenheit mit der Natur erlebt man an der Playa de las Gaviotas.

Der 250 Meter lange und 40 Meter breite Strandabschnitt eignet sich für eine kurze Badepause ebenso wie für einen ausgiebigen Strandtag. Wenn man dem Meer den Rücken zuwendet, entdeckt man die faszinierende Natur der gebirgigen Region. Die Playa de las Gaviotas wird von Felsen gesäumt, die wie hohe Mauern wirken. Im Hintergrund ragt das Anaga-Gebirge empor, während man von der Strandliege aus das dunkelblaue Meer und die weiße Gischt der Wellen beobachten kann. Der Gaviotas-Strand ist aufgrund seiner Entlegenheit auch bei FKKlern beliebt. Wer in der Hauptstadt von Teneriffa Urlaub macht oder dort lebt, kommt gern an die Playa de las Gaviotas, um der Hektik der quirligen Großstadt zu ent-

2h   Norden

Playa de las Gaviotas

#12

fliehen und die Natur zu genießen. An den meisten Tagen ist man an diesem Strand mit dem sehr feinen schwarzen Sand, der sich direkt unterhalb der Steilküste des Anaga-Gebirges befindet, noch unter sich. Da der Gaviotas-Strand im Gegensatz zu der in der Nähe gelegenen Playa de las Teresitas viel naturbelassener und nicht so überlaufen ist, galt er bis vor Kurzem noch als Geheimtipp.

Inzwischen hat es sich herumgesprochen, dass sich die Brandung ausgezeichnet zum Schwimmen eignet. Für kleine Erfrischungen zwischendurch sorgt der Strand-Kiosk, wo man neben kühlen Getränken auch frische Früchte und leckere Tapas bekommt. Einem entspannten Strandleben steht somit nichts im Weg.

GUT ZU WISSEN:

An der Playa de las Gaviotas ist Nacktbaden erlaubt. Mit dem Mietauto ist der Strand bequem zu erreichen, ein Parkplatz befindet sich in unmittelbarer Nähe. Von der Inselhauptstadt Santa Cruz aus verkehren auch Überlandbusse, allerdings fahren diese nicht so häufig.

Botanischer Garten von Puerto de la Cruz

#13

BLUMEN, PFLANZEN UND TROPISCHE GEWÄCHSE –

Natur pur erleben im Botanischen Garten von Puerto de la Cruz

Schon von Weitem sieht man bunte Blüten, Palmen und andere exotische Gewächse.

Im prachtvollen Garten Eden, der auch als „Jardín Botanico" bekannt ist, verbergen sich wahre Schätze der Natur. Die Würgefeige, ein Überlebenskünstler aus dem tropischen Regenwald, wurde

4h **Norden**

ebenso wie die anderen mehr als 5.000 Pflanzenarten, die im Botanischen Garten Teneriffas zu sehen sind, auf der Kanareninsel kultiviert. Durch die üppig bepflanzte Parkanlage führen verschiedene Wege, die sich zwischen den rund 50.000 Gewächsen und 120 Baumarten hindurchschlängeln. Im Vorort La Paz gelegen, ist der größte Botanische Garten der Insel ein interessantes Ausflugsziel für Naturliebhaber, Wanderer und alle, die sich für Flora und Fauna der größten Kanareninsel interessieren.

Wandern auf verschlungenen Pfaden zwischen bizarren Pflanzen

Der „Botanico", wie der Park von den Einheimischen liebevoll genannt wird, wurde Ende des 18. Jahrhunderts auf Anweisung des spanischen Königs Carlos III. errichtet. Heute sind im riesigen Parkareal nicht nur für Teneriffa typische Pflanzen wie die Strelitzie, sondern auch skurrile Gewächse wie der Leberwurstbaum zu sehen. Die bekannteste Baumart ist jedoch der große Feigenbaum, der sich in der Mitte des Gartens befindet. Mit seinen riesigen, breit gewachsenen Luftwurzeln, die seinen Stamm umgeben, ist der Feigenbaum die Attraktion des botanischen Gartens. Im milden Klima Teneriffas, wo fast das ganze Jahr über sonniges Wetter herrscht, gedeiht eine vielseitige Pflanzenwelt. Manche Pflanzen wachsen nur auf dieser Insel und nicht auf dem spanischen Festland. Für einen gemütlichen Spaziergang in dem 20.000 m² großen Botanischen Garten sollte ein halber Tag eingeplant werden. Zwischen gigantischen Baumlandschaften, kanarischen und südamerikanischen Pflanzen findet man bequeme Bänke zum Ausruhen.

ANFAHRT UND LAGE:

Der Jardín Botanico von Puerto de la Cruz liegt im Stadtteil La Paz. Die Parkanlage ist täglich geöffnet. Von der Innenstadt aus verkehren in regelmäßigen Abständen Linienbusse. Wer mit dem Mietauto anreist, findet in unmittelbarer Umgebung des Parks zahlreiche Parkmöglichkeiten.

Jardín Botanico

#13

#14

WEIN VON TENERIFFA –
Hier kommen nicht nur Weinliebhaber auf ihre Kosten

Blick auf die Stadt El Sauzal

4h

Die Insel Teneriffa ist nicht nur eine beliebte Urlaubsinsel, sondern gilt unter Weinkennern auch als hervorragendes Weinanbaugebiet.

Der lokale Wein gedeiht vor allem an den Vulkanhängen der Insel. Schon seit dem Mittelalter wird auf den Kanarischen Inseln Wein produziert. Die ortsansässigen Winzer kennen sich deshalb mit Trauben bestens aus. Die meisten Weinberge befinden sich im Norden von Teneriffa. In El Sauzal, einer Stadt im Nordosten der Insel, steht das Weinmuseum Casa del Vino. In dem Museum, das in einem restaurierten Landhaus untergebracht ist, können verschiedene Weinsorten verkostet werden. Außerdem erfährt man viel Wissenswertes über den Weinanbau auf Teneriffa. Auch preisgekrönte Weine wie die Weinsorte Viña Norte aus den Jahrgängen 1997 und 1999 gehören zur Sammlung des Weinmuseums. Der Eintritt ist frei und im Museum befinden sich ein Restaurant und ein Souvenir-Shop.

Bedeutende Weinanbaugebiete liegen auch im Süden Teneriffas. Bekannte Weingüter, die ausgezeichnete Weine produzieren, findet man in Gemeinden wie Arico, Arona, Adeje, Fasnia und Granadilla sowie in San Miguel und Vilaflor. In der kargen Region im Inselsüden ist der Weinanbau jedoch nicht so ein-

4h Norden

fach wie im Norden Teneriffas. Die Reben wachsen in der Südregion sogar auf 1.700 Metern Höhe. Auch die Weine in Arafo, Candelaria sowie in Güímar werden in einer Höhe von 1.600 Metern angebaut. Die Region gilt deshalb als höchstgelegenes Weinanbaugebiet Europas.

Auf Teneriffa werden vorwiegend trockene Rotweine produziert. Viele Weine von den Kanarischen Inseln räumen bei internationalen Wettbewerben regelmäßig Preise ab. Mit Stolz verweisen Teneriffas Weinbauern auf die traditionellen Verarbeitungsmethoden, bei denen Klasse statt Masse im Fokus steht. Einen großen Einfluss auf die Qualität der Weine haben auch die Höhenlagen und die günstigen klimatischen Bedingungen der Weinanbaugebiete.

Eine organisierte Weintour auf Teneriffa dauert inklusive Besuch des Weinkellers, Weinverkostung und Mittagessen etwa 4 bis 5 Stunden. Teneriffa-Weine haben eine lange Tradition. Die edlen Tropfen von den Kanaren begeisterten schon im 16. Jahrhundert Könige, Dichter und andere Berühmtheiten in ganz Europa. Die Popularität vulkanischer Weine ist auch im 21. Jahrhundert groß. Weine, die von Teneriffa stammen, zeichnen sich durch intensive und fruchtige Aromen aus. Besonders bekannt sind die Malvasierweine. Ihre hervorragenden Eigenschaften verdanken die Reben dem vulkanischen Boden. Auf den Kanarischen Inseln wird eine Fläche von insgesamt 9.000 Hektar für den Weinanbau genutzt. Davon befinden sich etwa 7.400 Hektar auf Teneriffa.

Eine Weintour welche vom Süden der Insel startet, führt meist zur historischen Stadt La Laguna. Dort angekommen, stehen eine Weinprobe sowie ein kanarisches Mittagessen mit passendem Wein auf dem Programm. Organisierte Weinausflüge werden in der Regel von einem ortskundigen Reiseführer begleitet.

Die Weine von Teneriffa sind sehr verschiedenartig. So gibt es auf der Insel Rotweine, Weißweine und Roséweine. Die unterschiedlichen Weinsorten sind entweder süß oder halbsüß, trocken oder halbtrocken. Weine werden auf Teneriffa auch im Fass ausgebaut oder lang im Fass gelagert. Manchmal handelt es sich um sehr alte Traubenarten. Dies zählt zu den besonderen Merkmalen vieler Teneriffa-Weine. Im Gegensatz zu vielen europäischen Weinanbaugebieten kam es auf den Kanarischen Inseln niemals zum Einfall der Reblaus. Durch die Pflanzenlaus, die ein bedeutender Schädling im Weinanbau ist, wurden in Europa hingegen eine Vielzahl von Traubenarten ausgerottet.

San Cristóbal de La Laguna

#19

San Cristóbal de La Laguna

#15

4h

Einen Rundgang durch das
UNESCO-WELTKULTURERBE LA LAGUNA

Die Nachbarstadt von Santa Cruz de Tenerife gilt als wahres Kleinod.

San Cristóbal de La Laguna verdankt seine Entstehung den spanischen Eroberern, die hier bereits im Jahr 1496 die ersten Siedlungshäuser erbauten. Die Stadt, die von den Tinerfeños liebevoll La Laguna genannt wird, bezaubert durch ihre historische Altstadt. Seit 1999 gehört die Innenstadt mit ihren grünen Plätzen und den alten Stadthäusern mit ihren romantischen Innenhöfen zum UNESCO-Weltkulturerbe. Als Wahrzeichen von La Laguna gilt der Kirchturm der Kirche La Concepción, der einen herrlichen Blick über die gesamte Stadt bietet. Im Altstadtviertel um die Kirche liegen einige der bekanntesten Straßen wie die Calle de la Carrera sowie die Calle Herradores. In diesem Stadtbezirk gibt es viele historische Gebäude, die im Stil der Kolonialarchitektur erbaut wurden, zu sehen. Die koloniale Architektur Spaniens war Vorbild für zahlreiche lateinamerikanische Städte. Wenn nach einem langen Spaziergang durch den historischen Teil von La Laguna die Füße schmerzen, kann man sich in eines der zahlreichen Cafés setzen und bei einem Kaffee oder einem Eisbecher neue Energie tanken. Zu den Sehenswürdigkeiten, die bei einem Altstadtrundgang in La Laguna unbedingt auf dem Be-

#15 San Cristóbal de La Laguna

4h Norden

sichtigungsprogramm stehen sollten, zählen das inzwischen renovierte Theater Leal, der ehemalige Palast Casa Lercaro, der heute das Museum für Geschichte und Anthropologie von Teneriffa beherbergt sowie das Kloster Santa Catalina. Im Geschichtsmuseum befinden sich viele interessante Ausstellungsstücke. Gleichzeitig erfährt man aus erster Hand viel über die wechselhafte Geschichte der größten Kanareninsel. Die San Cristóbal de La Laguna blickt auf eine mehr als 500-jährige Vergangenheit zurück. Die zahlreichen historischen Bauwerke in der Altstadt sind wichtige Zeitzeugen der Besiedlung der Kanarischen Inseln durch die spanischen Eroberer. Erbaut wurden die Gebäude überwiegend im 16. Jahrhundert, als sich viele Spanier vom Festland auf den Kanaren niederließen. San Cristóbal de La Laguna wurde bereits im Jahr 1497 gegründet. Nach ersten planlosen Bauversuchen plante man die weitere Bebauung der Stadt sehr genau, sodass sich die Altstadt heute als typisches Viertel im Stil spanischer Kolonialstädte präsentiert.

Die Stadt San Cristóbal de La Laguna entwickelte sich schon kurz nach ihrer Gründung zu einem wichtigen Machtzentrum auf Teneriffa. Bald darauf erlebte die Stadt ihre erste Blütezeit. Der frühere Reichtum ist heute noch durch die zahlreichen herrschaftlichen Paläste und die gut erhaltenen oder restaurierten Herrenhäuser sichtbar. Eine überregionale Bedeutung erlangte San Cristóbal de La Laguna, als sie die erste Hauptstadt von Teneriffa wurde. Seitdem hat die Stadt einen besonderen Bezug zur wechselvollen Geschichte dieser kanarischen Insel. Im Laufe des 18. und 19. Jahrhunderts verlor San Cristóbal de la Laguna allerdings zunehmend an Bedeutung. Bald wurde die damalige Inselhauptstadt vom benachbarten Santa Cruz wirtschaftlich überflügelt und bald darauf als Hauptstadt der Insel ersetzt. In San Cristóbal de La Laguna leben heute etwa 160.000 Einwohner. Die bekannte Universitäts- und Bischofsstadt hat sich inzwischen zu einem der beliebtesten Ausflugsziele auf Teneriffa entwickelt.

WIE KOMMT MAN HIN?

Die Stadt liegt im nördlichen Teil der Insel in der Nähe des Flughafens Teneriffa-Nord. Vom Airport ist die Innenstadt mit dem Taxi oder dem Mietauto innerhalb von 15 Fahrminuten erreichbar. Von Süden kommend, fährt man auf der TF-5 bis zur Abfahrt nach San Cristóbal de La Laguna. Aus Richtung Norden gelangt man über Puerto de la Cruz nach La Laguna. Außerdem verkehrt die Straßenbahnlinie L1 zwischen Santa Cruz de Teneriffa und La Laguna.

#16
Einen Spaziergang durch
DIE HAUPTSTADT TENERIFFAS MACHEN

4h

Wie lernt man eine quirlige Insel-Metropole wie Santa Cruz de Tenerife am besten kennen?

Indem man die reizvolle Innenstadt zu Fuß erkundet, anstatt sich mit dem Touristenbus zu den Sehenswürdigkeiten fahren zu lassen. In der Hauptstadt Teneriffas erwarten den Besucher viele architektonische Sehenswürdigkeiten, enge Altstadtgassen, Häuser im Kolonialstil sowie eine Vielzahl gemütlicher Cafés und Restaurants. Bequemes Schuhwerk ist ein „Muss", wenn die Altstadt auf eigene Faust zu Fuß erkundet werden soll und man Blasen an den Füßen vermeiden will. Zu den Dingen, die man unbedingt gesehen haben muss, gehört der Parque Marítimo. Der Park bietet einen herrlichen Ausblick auf das Meer. Außerdem sind von dort aus das Auditorium von Teneriffa und der botanische Garten Palmétum zu sehen. Im Palmétum-Garten stehen die Palmen eindeutig im Mittelpunkt. So werden auf einer Fläche von 120.000 Quadratmetern circa 600 verschiedene Palmenarten aus aller Welt kultiviert. Außerdem läuft man in der Parkanlage an ein paar kleinen Wasserfällen, Teichen und Bächen vorbei. Das Parkgelände war übrigens bis in die 1970er-Jahre eine Mülldeponie. Wer heute die schöne Vegetation bewundert, kann sich kaum vorstellen, dass der Palmétum-Garten auf einem 40 Meter hohen Müllberg angelegt wurde. Allerdings dauerte die Umgestaltung fast 20 Jahre. Erst 2014 war es so weit, dass die Parkanlage für die Öffentlichkeit freigegeben wurde. Vom Ticketschalter am Eingang, wo sich auch ein kleiner Shop befindet,

4h Norden

gelangt man als Besucher zu einer Brücke, die zum botanischen Garten der Stadt führt. Ein beliebter Pausen-Stopp beim Stadtspaziergang ist der Parque Marítimo, der direkt unterhalb des Palmétums liegt. In der Anlage gibt es drei Meerwasserpools, Sonnenterrassen und einige Restaurants. Verglichen mit herkömmlichen Swimmingpools sind die Pools im Marítimo-Park riesig. Beeindruckend ist außerdem die Gestaltung der Anlage im kanarischen Stil mit Palmen, Zierpflanzen und vulkanischen Felsen. In der Nähe des Parque Marítimo befinden sich das Teatro Guimerá, das als ältestes Theater der Kanarischen Inseln gilt sowie das Kunst- und Kulturzentrum Teneriffas. Im Tenerife Espacio de las Artes (TEA), das in einem modernen Gebäude untergebracht ist, sind regelmäßig interessante Ausstellungen zeitgenössischer Kunst zu sehen. Geht man am Schwimmbad vorbei und biegt rechts in die Promenade Richtung Stadt ein, entdeckt man bald das Castillo de San Juan Bautista. Die Burg, die im 17. Jahrhundert (1641 bis 1644) errichtet wurde und von den Einheimischen gern als „Schwarze Burg" bezeichnet wird, wurde 1948 in ein Militärmuseum umgewandelt.

Neben der schwarzen Burg befindet sich das bekannteste Wahrzeichen der Insel Teneriffa. Das Auditorio de Tenerife ist eine imposante Kongress- und Konzerthalle, die vom spanischen Star-Architekten Santiago Calatrava entworfen wurde und wegen des futurischen Baustils optisch ein besonderes Highlight ist. Das Auditorio wird von einem riesigen 16.289 Quadratmeter großen Platz umgeben. Dort finden oft Open-Air-Veranstaltungen statt. Vom Auditorium läuft man etwa zehn Minuten bis zur Plaza de España im Zentrum von Santa Cruz de Tenerife. In der Mitte des Platzes befindet sich ein künstlicher Teich sowie ein Denkmal, das an die Gefallenen des spanischen Bürgerkrieges erinnern soll. Die ebenfalls dort stehende 11,1 Meter lange sowie 1,4 Meter hohe Skulptur soll die Weltoffenheit der Kanarischen Insel und den touristischen Charakter der Inselhauptstadt widerspiegeln. In der Altstadt ist die katholische Kirche Nuestra Señora de la Concepción sehenswert. Das Gotteshaus befindet sich an der Plaza de la Iglesia, einem gemütlichen, mit Bäumen und Bänken ausgestatteten Platz.

Castillo de San Juan Bautista

Santa Cruz de Tenerife → ✗

#16

#17

4h

ÜBERALL SCHMETTERLINGE!
Zu Besuch im Mariposario del Drago, dem Schmetterlingspark

Wer sich für Schmetterlinge interessiert und sich am Geflatter der bunten Zweiflügler nicht sattsehen kann, ist im Schmetterlingspark von Teneriffa genau richtig!

Der Mariposario del Drago ist in Icod de los Vinos gelegen und wurde im Jahr 1997 eröffnet. Im ersten Schmetterlingspark in Spanien beschäftigt man sich ausschließlich mit Schmetterlingen. So kann man vor Ort 800 exotische Schmetterlinge aus aller Welt beobachten und dabei zusehen, wie sie sich fortpflanzen und der Nachwuchs geboren wird. Die insgesamt 1.000 Quadratmeter große Anlage, die in drei voneinander unabhängige Bereiche eingeteilt ist, hat sich mittlerweile zu einer der beliebtesten Attraktionen auf Teneriffa entwickelt. Im Schmetterlingspark gibt es Glashäuser, in denen sich die frei fliegenden Schmetterlinge befinden und einen tropischen Garten. Mit einem speziellen Zuchtprogramm will man dazu beitragen, auch seltene Schmetterlingsarten auf Tene-

4h Norden

riffa anzusiedeln. Im weitläufigen Garten kann man die Schmetterlinge in Ruhe beobachten und sogar auf Tuchfühlung mit den charmanten Zweiflüglern gehen.

In einem separaten Bereich des Schmetterlingsparks befindet sich das Laboratorium, das sich der Aufzucht der Raupen widmet. Dort findet auch das Schlüpfen der Raupen, die Verpuppung und die Geburt der jungen Schmetterlinge statt. Diese spannenden Ereignisse können über große Glasfenster aus nächster Nähe beobachtet werden. Im Themensaal, dem dritten Bereich auf dem Gelände, gibt es Informationen und Wissenswertes rund um das Thema Schmetterlinge. Dieser Teil der Anlage beinhaltet eine öffentliche Ausstellung, während es sich bei den hauseigenen Zuchtprogrammen um wissenschaftliche Erhebungen und Forschungsarbeiten handelt. Auf diesem Gebiet arbeitet das Schmetterlingszentrum von Teneriffa auch mit anderen Zentren in der Europäischen Union zusammen. Viele der über 800 Schmetterlingsarten stammen aus unterschiedlichsten Ländern, Regionen und Klimazonen. So bekommt man im Schmetterlingspark auf Teneriffa auch seltene Schmetterlinge aus Costa Rica, Malaysia, Guyana oder Australien zu Gesicht. Die Artenvielfalt ist beeindruckend und reicht von zwei Zentimeter kleinen Schmetterlingen bis zu 30 Zentimeter großen Faltern.

Man kann an einer Führung teilnehmen, die von einem geschulten Mitarbeiter begleitet wird. Im Schmetterlingspark wird viel Wert auf Nachhaltigkeit und Umweltbewusstsein gelegt. Beim Rundgang werden diese Themen gezielt angesprochen, um das Naturbewusstsein der Besucher zu fördern und auf die Notwendigkeit des Artenschutzes bei Schmetterlingen aufmerksam zu machen. Wer sich ohne Führung frei auf dem Gelände bewegen möchte, kann dies ebenfalls tun. Die Beschilderung ist mehrsprachig und übersichtlich, sodass man sich auch allein gut zurechtfindet, auch wenn der Verzicht auf einen lehrreichen Rundgang bedeutet, dass man sich selbst um alle Informationen kümmern muss.

Ein Besuch im Schmetterlingspark Mairposario del Drago ist insbesondere für Kinder, Naturliebhaber, Schmetterlingsfans und Hobby-Fotografen ein tolles Erlebnis.

#18

4h

SAND UNTER DEN FÜSSEN spüren beim Strandspaziergang in Teneriffas Norden

Im Teneriffa-Urlaub einen Badetag einzulegen ist herrlich entspannend.

Da die Kanareninsel eine Vulkaninsel ist, gibt es außer Stränden mit feinstem goldgelbem Sand auch Strandabschnitte mit schwarzem Sand. Barfuß durch den kohlschwarzen Sand zu laufen ist ein besonderes Highlight, das es, bis auf wenige Ausnahmen, nur in Teneriffa gibt. Der Hauptgrund für die Entstehung schwarzer Strände sind die zahlreichen Vulkanausbrüche, die sich auf den Kanarischen Inseln regelmäßig ereignen. Besonders im Norden der Insel, wo viele Strände von Steilküsten umgeben sind, entsteht durch die Ablagerungen vulkanischer Lava beim Herabfallen der Steine im Laufe der Zeit feiner schwarzer Sand, denn die Steinbrocken werden durch die Erosion und das Meer zu schwarz schimmernden Sandpartikeln zerkleinert. Da die vulkanische Erde reich an Mineralien und damit sehr fruchtbar ist, ist die Umgebung der schwarzen Strände meist sehr grün. Einen speziellen Nebeneffekt, nämlich die Erwärmung des Bodens,

⏱ 4h 📍 Norden

spürt man erst, wenn das Badetuch am schwarzen Sandstrand ausgebreitet wird, denn durch die Sonneneinstrahlung erwärmt sich der schwarze Sand und wird heißer als die goldfarbenen Sandpartikel vergleichbarer Strände. Einer der schönsten schwarzen Sandstrände im Norden von Teneriffa ist die Playa del Ancón. Dieser Strand ist ideal geeignet, um einfach mal auszuspannen, abzuschalten und die Natur zu genießen. Unter Insidern gilt die Playa del Ancón als Paradies, wo man zwischendurch relaxen kann. Die Playa del Ancón, die übrigens auch als Playa de Santa Ana bezeichnet wird, ist von La Orotava mit dem Linienbus und von der Nachbargemeinde Santa Úrsula zu Fuß über einen Pfad erreichbar. Der schwarze Vulkansandstrand ist etwa 400 Meter lang und gehört zur Gemeinde La Orotava. In der Nähe gibt es einige Restaurants und Parkplätze. Von der Stelle, wo man das Mietauto geparkt hat, läuft man etwa 20 bis 30 Minuten bis zum Strand.

#19 4h
DIE UNBEKANNTE SEITE
Teneriffas in Garachico entdecken

Das Städtchen Garachico im Nordwesten der Insel ist ein echtes Juwel.

Die kleine Stadt wurde vor etwa 500 Jahren von italienischen Kaufleuten gegründet und schaffte es, das wirtschaftliche Zentrum Teneriffas zu werden. Allerdings wurden die ganze Stadt sowie der Hafen circa 200 Jahre später bei einem starken Vulkanausbruch unter der Asche begraben. Die einzigen Strukturen, die das Naturereignis unbeschadet überstanden, waren das Kloster und die Kirche, die heutzutage besichtigt werden können. Bei einem Spaziergang durch die gemütliche Kleinstadt entdeckt man weitere historische Bauwerke wie die Hafenfestung Castillo de San Miguel, die man ebenfalls besuchen kann, die beiden schönen Kirchen Santa Ana und Nuestra Señora de los Ángeles, die Klöster San Francisco und Santo Domingo sowie den kleinen Jachthafen. Zusammen mit den Nachbargemeinden Buenavista und Los Silos bildet Garachico die sogenannte „Isla Baja" (untere Insel), eine Region im Nordwesten Teneriffas. Die romantisch wirkende Ortschaft gilt als schönstes Fischerdörfchen im Norden der Insel. Im Ortszentrum gibt es eine verkehrsfreie Fußgängerzone, an der sich zahlreiche Cafés und Res-

4h **Norden**

Park Playa de Pila. Einen atemberaubend schönen Blick über das Fischerdorf und die idyllische Badebucht gibt es vom Aussichtspunkt außerhalb der Ortschaft. Die Bucht von Garachico hat einen ganz besonderen Charme. Zwischen Lavagestein und Felsen befindet sich ein besonderes Freibad, nämlich das Naturbad El Caléton, das aus verschiedenen Becken besteht. Hier badet man in einem

Blick auf Garachico

taurants befinden. In der Osterwoche (Semana Santa) findet hier in der Nacht vor Karfreitag eine große Prozession statt, bei der Heiligenfiguren von der Kirche aus durch die Straßen des Ortes getragen werden. Die bekanntesten Sehenswürdigkeiten von Garachico, die einen Besuch lohnen, sind die Klosterkirche San Francisco, das Stadtmuseum mit dem typisch kanarischen Innenhof, der Palast der Grafen von Gomera sowie der

natürlichen Schwimmbecken aus erstarrter Lava. In unmittelbarer Nähe gibt es auch einen Kiesstrand.

Playa Jardín in Puerto de la Cruz

#20 4h

DEN TRAUMSTRAND IM NORDEN DER INSEL BESUCHEN –

Sonnenbaden und Schwimmen an der Playa Jardín

Traumhafte Strände gibt es beinahe überall auf Teneriffa.

Die Kanareninsel gilt nicht umsonst als beliebtes Badeparadies. Das angenehme, ausgeglichene Klima auf den Kanarischen Inseln trägt dazu bei, dass man ganzjährig sonnenbaden und schwimmen kann. Zu den schönsten Strandabschnitten im Norden Teneriffas zählt die Playa Jardín in Puerto de la Cruz. Der paradiesische Strand wird in vielen Reiseführern als einer der schönsten Strände auf Teneriffa beschrieben. Die Playa Jardin wurde in den 1990er-Jahren vom berühmten kanarischen Künstler César Manrique geschaffen. Im Touristenort Puerto de la Cruz gelegen, soll der Sandstrand Urlaubern aus aller Welt Wohlgefühl und Entspannung

4h Norden

Die künstlich angelegte Grünanlage, die den schwarzen Sandstrand umrahmt, wirkt sehr natürlich. Außerdem trägt die begrünte Umgebung mit den vielen tropischen Pflanzen zu einem entspannten Ambiente bei. Die Playa Jardin, die gegenüber des Loro Parks beginnt, endet an einer kleinen Befestigungsanlage, die den Namen „Castillo de San Felipe" trägt. Insgesamt erstreckt sich der Strand über etwa einen Kilometer und ist damit der längste Sandstrand der Region.

vermitteln. Der Zugang zum Strand führt über mehrere Gärten, in denen endemische Pflanzenarten gedeihen. Man läuft über kleine Pfade zwischen künstlich geschaffenen Wasserfällen und Vulkansteinmauern entlang. Die Playa Jardin besteht aus drei Buchten mit schwarzem Vulkansand und bietet wunderschöne Ausblicke auf den Vulkan Teide. Die einzelnen Bereiche des schwarzen Vulkansandstrands sind die Playa del Castillo, die Playa del Charcón sowie die Playa de Punta Brava. Vor der mitunter starken Brandung sind die Strandbesucher durch einen seitlich gelegenen Wellenbrecher geschützt. An der Playa Jardin gibt es allerdings auch offene Bereiche, an denen auch das Surfen erlaubt ist. Über die modern gestaltete Strandpromenade ist die Playa Jardin mit den Cafeterias, Bars und Restaurants, die sich in Strandnähe befinden, verbunden. In diesem Bereich gibt es auch einige Kinderspielplätze sowie ein kleines tempelartiges Gebäude, in dem häufig musikalische Darbietungen stattfinden. An der Playa Jardin kann man Sonnenliegen und -schirme ausleihen, außerdem gibt es dort Duschen und Umkleidekabinen, sodass einem entspannten Badeaufenthalt nichts entgegensteht.

ANFAHRT ZUR PLAYA JARDIN:

Die Anfahrt zum Sandstrand ist gut beschildert. Am besten erreicht man die Strandzone mit dem Mietauto über die A-55. Unmittelbar vor dem Strand gibt es gute Parkmöglichkeiten. Diese Parkplätze sind allerdings sehr beliebt. Wer später kommt, kann auf einen größeren Parkplatz in der näheren Umgebung ausweichen, wo mehr als 500 Stellplätze zur Verfügung stehen. Zu Fuß ist die Playa Jardin ebenfalls gut erreichbar. Auch ein behindertengerechter Zugang zum Strandabschnitt ist vorhanden.

#21

KANARISCHE LEBENSART

hautnah spüren an der Plaza del Charco

Die Lebensart eines Landes oder einer Region entdeckt man am besten in einem der typischen Stadtviertel.

Der historische Mittelpunkt von Puerto de la Cruz ist die Plaza del Charco. Dort schlägt das Herz der Stadt, die seit Langem als Teneriffas beliebtester Ferienort gilt. Im Norden der Insel gelegen, ist Puerto de la Cruz vor allem für seine Strände aus dunklem Vulkansand bekannt. Die Plaza del Charco jedoch ist der Platz im Stadtzentrum, der bei Einheimischen besonders populär ist. Der Name dieses Platzes soll an ein Meerwasserbecken erinnern, das früher einmal an dieser Stelle stand. Das typische Brunnenbecken wurde daher trotz der aufwendigen Umgestaltungsarbeiten, die der Platz in den vergangenen Jahren erfuhr, unverändert gelassen. Mit dem Fischerhafen bildet die Plaza del Charco das Zentrum der Stadt Puerto de la Cruz. Wörtlich übersetzt bedeutet der vollständige Name des Platzes Garnelenpfütz-

Panorama von Puerto de la Cruz

chen (Plaza del Charco de los Camarones). Überlieferungen zufolge wurde der Platz in früheren Zeiten oft von Meereswellen überspült, wobei sich jedes Mal kleine Garnelen in den Wasserpfützen sammelten. Die Fläche des Platzes umfasst etwa 5 Meter x 70 Meter. Auf der rechten Seite der Plaza del Charco (vom Meer aus betrachtet) stehen einige der ältesten Häuser des Ortes. Die historischen Gebäude sind es auf jeden Fall wert, näher betrachtet zu werden. Obwohl die Plaza del Charco sich selbst im Laufe der Jahrhunderte kaum verändert hat, kam es in unmittelbarer Umgebung des Platzes immer wieder zu Veränderungen. So wurden um 1830 aus Südamerika stammende Gummibäume angepflanzt, die mittlerweile gigantische Ausmaße erreicht haben und wie übergroße Benjamini (Birkenfeigen) aussehen.

Die im Volksmund als „Platz der Pfütze" bekannte Plaza del Charco wird von zahlreichen Kaufmannshäusern aus dem 17. Jahrhundert umrahmt. Die Idee für die Gestaltung eines Platzes stammt ursprünglich von Jerónimo Mines. Ab dem Jahr 1610 sollte der Platz eigentlich als Umschlagplatz für Güter, die per Schiff im benachbarten Hafen eintrafen, dienen. Der Mittelpunkt der Plaza del Charco ist ein Springbrunnen, der mittlerweile schon etwas in die Jahre gekommen ist. Im Zentrum des Platzes fällt die Namea, ein Baum, der zur Gattung des Elefantenohrs zählt, auf. Dieser mächtige Baum, der einst aus Indien nach Teneriffa kam, wird auf der ganzen Insel verehrt. Die Namea an der Plaza del Charco wird jedes Jahr zur Weihnachtszeit festlich geschmückt.

Ebenso wie in anderen Regionen Spaniens spielt sich ein Großteil des Lebens auf der Plaza ab. In Puerto de la Cruz ist Plaza del Charco ein beliebter Aufenthaltsort und Treffpunkt von Einheimischen und Touristen aus aller Welt. Während viele Urlauber vor allem hierher kommen, um die Idylle und die typisch kanarische Atmosphäre zu genießen, treffen sich die Einheimischen in den vielen Bars und Kaffeehäusern, um einen „Cafe cortado" zu trinken, sich zu unterhalten und das rege Leben auf dem Platz zu beobachten. Auf den Bänken rund um den Brunnen sitzen verliebte Paare, Familien schauen ihren spielenden Kindern zu und Spaziergänger bewundern die schönen Palmen und subtropischen Pflanzen. In der Mitte der Plaza del Charco befindet sich ein Kinderspielplatz direkt neben dem Brunnen. Ein bekanntes Café, das sich hier angesiedelt hat, gilt bereits seit Jahren als beliebter Insidertreff in Puerto de La Cruz. Rund um den Platz haben sich zahlreiche Geschäfte, Modeboutiquen und Parfümerien, aber auch Eisdielen, Cafes, Bars und Restaurants niedergelassen. So wird es an der Plaza del Charco nie langweilig. Bis spätabends kann man dort flanieren, einkaufen, essen und trinken und sich entspannen.

Sogar an heißen Tagen trifft man sich auf dem historischen Platz zum Plaudern im Schatten der Palmen. Folkloristische Darbietungen, die während der Sommersaison häufig von der Stadtverwaltung organisiert werden, stoßen auf großes Interesse. Aufgrund der Nähe zum Hafen findet man an der Plaza del Charco auch einige Fisch-Restaurants. Vor allem in den Abendstunden sind Restaurants und Bars gut besucht. Nachtschwärmer haben hier auch spätabends noch Möglichkeiten, einen kühlen Drink in einem chilligen Café zu genießen oder den Urlaubstag bei einem Bier ausklingen zu lassen. Alle größeren Feste und Veranstaltungen in Puerto de la Cruz finden an der Plaza del Charco statt. Im kanarischen Karneval ist der Platz kaum wiederzuerkennen. Junge und alte Menschen in ihren farbenfrohen Kostümen tanzen zu kanarischen und südamerikanischen Klängen. An vielen Verkaufsständen werden lokale Spezialitäten und Souvenirs angeboten. Auch bei religiösen Festen wie dem Feiertag zu Ehren der „Virgen del Carmen" (Schutzheilige der Fischer) am 16. Juli, wird auf der Plaza del Charco gesungen, getanzt, gelacht und vor allem gefeiert.

4h Norden

#22

EDLE TROPFEN aus Teneriffa verkosten – Ein Besuch im Weinmuseum El Sauzal

Als das Weinmuseum „La Baranda" in El Sauzal, einer Kleinstadt im Norden der Insel erbaut wurde, wollte man eigentlich nur auf die Weine von Teneriffa aufmerksam machen.

Inzwischen sind die Inselweine, die für ihre hohe Qualität bekannt sind, auch außerhalb Spaniens so beliebt, dass das Weinmuseum in El Sauzal Kultstatus genießt. Das alte Gutshaus, in dem die „Casa del Vino" untergebracht ist, wurde liebevoll hergerichtet. Besichtigungen sind kostenlos und nach dem Rundgang kann natürlich auch lokaler Wein erworben werden. Außerdem gibt es im Weinmuseum nicht nur köstliche Weinsorten zu entdecken, sondern man erfährt auch viel über die Geschichte der Kanarischen Inseln. So befinden sich die kanarischen Mumien, die zu den bedeutendsten archäologischen Funden, die je auf Teneriffa entdeckt wurden, ebenfalls unter den Ausstellungsobjekten. Es handelt sich dabei um mehrere Mumien von Guanchen (Ureinwohner der Kanarischen Inseln), die bei Ausgrabungen in verschiedenen Grotten und Höhlen auf der Insel gefunden wurden. Ähnlich wie die alten Ägypter balsamierte das Volk

der Guanchen seine Toten ein und beerdigte sie in Höhlen, die besonders schwer zugänglich waren. Es soll sogar mehrere Methoden zur Mumifizierung gegeben haben, sodass die Art und Weise der Einbalsamierung Rückschlüsse auf die Herkunft und den sozialen Status des Verstorbenen zulassen. Wer sich für alte Zivilisationen, deren Rituale und Gebräuche interessiert, findet hier viel Interessantes.

Das Landgut aus dem 17. Jahrhundert, in dem sich das Weinmuseum befindet, steht unter Denkmalschutz. Ein Besuch dieses historischen Ortes lohnt sich nicht nur wegen des Weines, sondern auch wegen der wunderschönen, typisch kanarischen Architektur. Im Innenhof des Museums kann man eine hölzerne Weinpresse bewundern und sich vorstellen, wie mühsam der Weinanbau und die Weinherstellung auf dieser felsigen Insel früher gewesen sein muss. Einige der hervorragenden Teneriffa-Weine können direkt vor Ort verköstigt werden. Wenn man nach der Weinprobe Lust auf mehr hat, kann man im Shop einige Weinsorten erwerben oder sich in einem Restaurant im Dorf El Sauzal zum Mittagessen ein Glas Inselwein gönnen.

Die Ortschaft El Sauzal befindet sich auf einem Klippenrand und bietet einen wunderbaren Ausblick über die gebirgige Landschaft und die gesamte Nordküste von Teneriffa. Toll ist auch, dass das Städtchen abseits der üblichen Touristenrouten liegt und sich daher seinen Charme und seine ruhige Atmosphäre bewahrt hat. Der beste Ausgangspunkt für einen kleinen Rundgang ist die Plaza de San Pedro, wo sich auch die Dorfkirche, die viertälteste der Insel, befindet. Von hier aus sind es nur wenige Minuten zu Fuß bis zum Aussichtspunkt Los Lavaderos. Mit ihrer inseltypischen Vegetation und einigen Wasserfällen zählt die kleine Parkanlage zu den schönsten Plätzen der Gemeinde. Abends trifft man dort auch die Einheimischen, die sich an der spektakulären Aussicht auf den Atlantischen Ozean erfreuen und den farbenprächtigen Sonnenuntergang beobachten. Die Anfahrt zum Weinmuseum ist gut ausgeschildert. El Sauzal ist mit dem Mietauto am besten über die Autopista del Norte zu erreichen.

Casa del Vino

#22

#23

4h | Norden

TENERIFFA ABSEITS VOM MASSENTOURISMUS ERLEBEN – Das verträumte Bergdorf Igueste auf eigene Faust entdecken

Im gebirgigen Nordosten der Insel liegen einige verträumte Dörfer, die man auf eigene Faust entdecken kann.

Das Dorf Igueste besteht nur aus einigen Häusern, die an einem grünen bewaldeten Barranco liegen. Die Schlucht von Igueste erstreckt sich bis zum Atlantischen Ozean. Das abgelegene Dorf war deshalb früher nur auf dem Seeweg erreichbar. Eine gepflasterte Straße, die nach Igueste führt, gibt es erst seit 1940. Wer Ruhe, Entspannung und klare Bergluft sucht, ist hier genau richtig. Abseits der Routen des Massentourismus gelegen, hat sich Igueste einen ländlichen Charme bewahrt. Anstatt auf Touristengruppen trifft man auf Einheimische, die ihren Tag im Dorf oder beim Fischen am Atlantischen Ozean verbringen. An der kleinen Plaza San Pedro im Ortszentrum

Das verträumte Bergdorf Igueste de San Andrés

steht die gleichnamige Kapelle, die im Jahr 1786 erbaut wurde. Der schlichte weiße Bau ist mit einem einfachen Kreuz versehen, Turm und Glocken gibt es nicht.

In der Nähe des Dorfplatzes befinden sich ein kleines Geschäft, in dem man die wichtigsten Lebensmittel bekommt sowie ein Restaurant, das für seine ausgezeichneten Fischgerichte bekannt ist. Das Besondere an Igueste ist die Lage des Dorfes an einer Schlucht, die dazu geführt hat, dass die Bauern ihre Gemüsefelder, Bananenplantagen und Obstbäume an den Hängen angelegt haben. Da auf Teneriffa das ganze Jahr über ein angenehm warmes Klima herrscht, sind mehrere Ernten möglich. So findet man in Igueste immer Pflanzen, die gerade in voller Blüte stehen sowie erntefrisches Obst oder kann den Bauern bei der Gemüseernte zusehen. Um ihre Wohnhäuser zu erreichen, müssen viele Dorfbewohner über steile Wege und Treppen laufen. Kein Wunder, dass die Bewohner sich tagsüber und am frühen Abend lieber am Dorfplatz aufhalten, wo es gemütliche Bänke unter schattenspendenden Bäumen gibt. Auch wenn das verschlafene Örtchen keine Sehenswürdigkeiten zu bieten hat, ist Igueste vor allem bei Naturfreunden sehr beliebt.

Das kleine Dorf ist der Ausgangspunkt vieler Wanderungen, die ins nördlich gelegene Anaga-Gebirge oder in östlicher Richtung zur Playa de Antequera führen. Der

| | 4h Norden |

> **WAS MAN WISSEN SOLLTE:**
>
> *Das Dorf Igueste de San Andrés wird oft mit dem Ort San Andrés verwechselt. Es handelt sich jedoch um zwei unterschiedliche Ortschaften. Die Straße nach Igueste de San Andrés führt zunächst auch durch das etwas größere San Andrés. Um von den Badeorten nach Igueste de San Andrés zu gelangen, fährt man am besten durch die Inselhauptstadt Santa Cruz und orientiert sich in Richtung des bekannten Strands Playa de las Teresitas, wo man links in Richtung Igueste de San Andrés abbiegt. Die kurvenreiche Straße führt dann direkt zum Ort. Am Anfang der Strecke befindet sich auf der rechten Seite der Aussichtspunkt Mirador de la Playa de las Teresitas. Von dort aus hat man einen traumhaften Blick über den Teresitas-Strand und die Steilküste bis zur Hauptstadt Santa Cruz.*

reizvolle Antequera-Strand besteht aus schwarzem Vulkansand und versteckt sich in einer kleinen Bucht, die zum Dorf gehört. Leicht zugänglich ist die Playa de Antequera jedoch nicht und deshalb auch nur wenig besucht. Manchmal kommen Angler, um zu fischen oder Surfer, die von den idealen Windverhältnissen in dieser Gegend profitieren und ihre bevorzugte Sportart in ruhiger Umgebung ausüben wollen. Da das Ablegen der Kleidung in dieser Bucht niemanden stört, ist der Antequera-Strand ein Geheimtipp für FKK-Freunde. Die abgeschiedene Lage von Igueste wird jedem Besucher spätestens bei der Ankunft in dem kleinen Ort bewusst. Die Landstraße, die nach Igueste führt, endet auch dort.

Igueste de San Andrés

#23

#24

8h

Umringt von Tausenden bunter Papageien – ZU BESUCH IM LORO PARK

Der Loro Park ist ein ganz besonderes Highlight auf Teneriffa.

Schon mehrfach wurde die riesige Anlage, die eine Vielzahl bunter Papageien und anderer Tiere beherbergt, als bester Zoo Europas ausgezeichnet. Regelmäßig ist vom Loro Park in den Medien zu lesen. Der Papageienpark zählt sogar zu den Top 3 der besten Zoos der Welt. Auf dem Gelände des Tierparks leben nicht nur Papageien, sondern auch Faultiere, Erdmännchen, Affen sowie Delfine, Seelöwen und Orcas. Der Park wurde ursprünglich als Papageienpark gegründet und hat sich mittlerweile zu einer der größten Attraktionen auf Teneriffa entwickelt. Im Loro Park befindet sich auch das größte Pinguinarium der Welt, das von mehr als 200 Pinguinen bevölkert wird. Das Parkmanagement hat sich ein abwechslungsreiches Programm ausgedacht, um kleine und große Besucher zu unterhalten. So gibt es eine Papageien-Show, eine Delfin-Show, eine Seelöwenshow und eine Orca-Show. Das Programm ist so reichhaltig und vielfältig, dass für einen Besuch im Loro Park ein ganzer Tag eingeplant wer-

8h Norden

den sollte. Die Artenvielfalt der tierischen Bewohner ist sehr beeindruckend. Die Gesamtfläche des riesigen Areals umfasst etwa 135.000 Quadratmeter. Der Name Loro Park leitet sich vom spanischen Wort „Loro" (Papagei) ab. Die gepflegte Anlage ist besucherfreundlich gestaltet. Daher sind die einzelnen Bereiche auch mit Kinderwagen einfach und schnell zu erreichen. Beim Spazieren durch den Park fühlt man sich wie im Urwald. Für das Dschungel-Feeling hat das Park-Management gesorgt, das auf der gesamten Fläche mehr als 3.000 Palmen pflanzen ließ. Am Eingang des Loro Parks erhält jeder Besucher einen Plan, an dem man sich orientieren kann. Da die einzelnen Tierbereiche bestens ausgeschildert sind und die Route übersichtlich ist, kann man sich kaum verlaufen.

Ein Gelbbrustara im Loro Park

UNSER TIPP:

Die Route auf die Tier-Shows, die man sehen will, abstimmen. So kann man sich gleichzeitig in Ruhe im Park umsehen und die unterschiedlichen Vorführungen besuchen. Die bunten Papageien, die die Parkbesucher schon von Weitem mit ihrem fröhlichen Kreischen begrüßen, haben den Loro Park bekannt gemacht. Sie sind bis heute die Namensgeber des Parks und die Papageien-Aufzucht ist der Schwerpunkt des Loro-Zoos. Auf dem riesigen Areal sollen mittlerweile 350 Papageienarten leben. Weltweit gibt es etwa 800 unterschiedliche Arten, viele davon sind vom Aussterben bedroht oder existieren in der freien Wildbahn nicht mehr. Im Loro Park ist es gelungen, einige gefährdete Papageienarten wie etwa den Spix-Ara nachzuzüchten und dadurch vom Aussterben zu bewahren. Im Jahr 1992 öffnete eine weitere Attraktion ihre Pforten. Das Riesen-Aquarium, das insgesamt 1,2 Millionen Liter Wasser fasst, bietet Haien, Piranhas, Clownfischen, Muränen und anderen Meeresbewohnern in zwölf unterschiedlichen thematischen Bereichen viel Platz.

*Die Ökosysteme der Welt werden mithilfe diverser Wasserpflanzen sowie unzähliger Arten von Wassertieren nachgebildet. Zu den besonderen Attraktionen gehört ein großes Korallenriff. Der wichtigste Besuchermagnet ist der Unterwasser-Tunnel im Aquarium, in dem Rochen und Haie zu sehen sind. Auch das größte Pinguinarium der Welt befindet sich nicht etwa in der Antarktis, sondern auf Teneriffa! Im Planet Penguin des Loro Parks leben auf 2.500 Quadratmetern Fläche etwa 250 Pinguine, die zu fünf verschiedenen Pinguinarten gehören (Esels-, Felsen-, Humboldt-, Königs- und Zügelpinguine).
Um ihren Lebensraum möglichst naturgetreu nachzubilden, wurde ein großer Eisberg errichtet. Im Pinguin-Haus herrscht polares Klima und es gibt dort täglich bis zu 12 Tonnen echten Schnee.*

#24

Unser Tourenvorschlag:

Den Loro Park bei einer Discovery-Tour entdecken. Der Ausflug in kleiner Gruppe dauert etwa 2 Stunden. Mit einem Betreuer vom Loro Park geht es quer durch die Anlage. Dabei bekommt man auch interessante Einblicke hinter die Kulissen des Zoo-Betriebs. Während des Rundgangs hat man beispielsweise die Gelegenheit, die Orcas, die in einem künstlich geschaffenen Ozean schwimmen, durch ein Fenster aus der Nähe zu betrachten.

Die Anfahrt zum Loro Park:

Im Zentrum von Puerto de la Cruz fährt in regelmäßigen Abständen eine kostenlose Bimmelbahn bis zum Loro Park. Eine Anreise ist auch mit dem Mietwagen problemlos möglich. Vor dem Zoo sind ausreichend Parkplätze vorhanden.

Spazieren und Entdecken im Loro Park

 8h ● Norden

#25 8h

UNTERWEGS BEI EINER WANDERTOUR
im Anaga-Gebirge

Blick auf das Anaga-Gebirge

Das Anaga-Gebirge im Norden der Insel ist eine ganz besondere Landschaft auf Teneriffa.

Die grüne Gegend und die imposanten Berge hinterlassen bei jedem Besucher einen nachhaltigen Eindruck. Wanderer, die einsame Bergregionen erkunden wollen und sich mit der Natur verbunden fühlen, kommen regelmäßig hierher. Für eine Wandertour im Anaga-Gebirge braucht es keine Vorkenntnisse. Anfänger sollten allerdings eine einfache Strecke auswählen. Die Gebirgskette des Anaga-Gebirges entstand vor etwa 7 bis 9 Millionen Jahren und wurde durch vulkanische Aktivitäten geformt. In West-Ost-Richtung ist das Gebirge etwa 20 Kilometer lang, während es von Norden nach Süden eine Breite von circa 5 bis 10 Kilometern erreicht. Im Jahr 2015 wurde die beeindruckende Gebirgsregion zum UNESCO-Biosphärenreservat ernannt. Das Landschaftsbild in Teneriffas Norden wird durch die 1.000 Meter hohen Berge mit ihren dichten Lorbeerwäldern entscheidend geprägt. Auch die imposante Steilküste ist Teil der mächtigen Gebirgskette. Die Natur wirkt zunächst so unwirklich und unverbraucht, dass es kaum vorstellbar ist, das Gebirge zu Fuß oder mit einem Fahrzeug zu durchqueren. Und doch ist beides im Anaga-Gebirge möglich. Am besten erlebt man die landschaftliche Schönheit der Region bei einer Wanderung. Es ist daher nicht erstaunlich, dass das Anaga-Gebirge zu den schönsten Wandergebieten Teneriffas zählt. Im Gegensatz zu anderen populären Ausflugszielen der Insel trifft man im Gebirge nur wenige Touristen an.

Der ideale Ausgangspunkt für eine Wandertour im Anaga-Gebirge ist das Besucherzentrum am Cruz del Carmen. Von dort aus führen Wanderwege quer durch die gebirgige Region, die heute als ältester Teil der Insel gilt. Bald erreicht man das nach einem mystischen Hexenzirkel benannte Dorf El Bailadero, das immer noch einen magischen Charme verströmt. Im Volksmund wird gemunkelt, dass dort in längst vergangenen Zeiten Hexen um das Feuer tanzten.

8h Norden

Von hier aus kann zu den Roques de Anaga, zwei bedeutenden Felsformationen im Meer, gewandert werden. Nach einer dreistündigen Wanderung erreicht man den Ort Roque de Bermejo. Das Gebiet des Anaga-Gebirges ist bereits seit 1987 als spanischer Nationalpark anerkannt. Der größte Ort der Gebirgsregion, Taganana, wurde 2015 zum Biosphärenreservat erklärt. Im Gegensatz zu anderen Regionen auf der Insel Teneriffa ist das Klima im Anaga-Gebirge feuchter, außerdem regnet es dort häufiger. Eine Regenjacke oder ein Regenschirm sollten daher im Wandergepäck nicht fehlen. Je nach Wetterlage können sich Regenwolken bilden, die sich relativ rasch über dem Gebirge entladen. Bei der Planung einer Wandertour durch das Anaga-Gebirge sollte deshalb der Wetterbericht unbedingt beachtet werden.

Wie kommt man hin?
Die Anfahrt zum Anaga-Gebirge ist von allen Teilen Teneriffas möglich und leicht zu finden. Die Straßen sind gut ausgebaut und es gibt zwei verschiedene Routen, die ins Gebirge führen. Von La Laguna kommend erreicht man zuerst das Dorf Chamorga. Diese Strecke führt durch den Lorbeerwald. Unterwegs kann eine Pause am Mirador Jardina eingelegt werden, um die überragende Aussicht auf La Laguna zu genießen und beeindruckende Fotos zu machen. Bei guten Sichtverhältnissen kann man sogar den Teide sehen. Ein weiterer Aussichtspunkt, der tolle Fotomotive bietet, ist der in 960 Meter Höhe befindliche Mirador Pico del Ingles. Von dort aus bietet sich eine Rundum-Sicht auf das Anaga-Gebirge.

ALTERNATIVE ZUM WANDERN – AUTORUNDFAHRT DURCH DAS ANAGA-GEBIRGE

Wenn das Wandern zu anstrengend ist, kann man auch mit dem Mietauto eine Rundfahrt durch das Anaga-Gebirge machen. Als Startpunkt für eine Autorundfahrt eignen sich La Laguna oder Santa Cruz. Von dort aus folgt man einfach der Beschilderung. Wichtig ist, dabei nicht von der Hauptstraße abzuweichen, da man auf Feldwegen leicht die Orientierung verliert. Es gibt sogar die Möglichkeit, das Anaga-Gebirge per Linienbus zu entdecken. Allerdings verkehren die regulären Busse von La Laguna oder Santa Cruz höchstens 5-mal am Tag. Für eine Busrundfahrt sollte daher viel Zeit eingeplant werden.

Cruz del Carmen

#25

#26

8h

Wandermöglichkeiten in Hülle und Fülle –
DIE LORBEERBÄUME IM MERCEDESWALD ENTDECKEN

Das Anaga-Gebirge ist ein Gebirgszug im Nordosten von Teneriffa.

Dort liegt auch der Bosque de la Mercedes, der Mercedeswald. Das immergrüne Waldgebiet ist dicht von Lorbeerbäumen bewachsen und ist eines der schönsten Wandergebiete auf den Kanarischen Inseln. Man erreicht den Mercedeswald über die Nordautobahn, wenn man an der Ausfahrt Tegueste abfährt und an La Laguna vorbei in Richtung Las Canteras fährt. Am besten parkt man das Mietauto im kleinen Ort Cruz del Carmen, wo sich auch das Besucherzentrum und der Aussichtspunkt Mirador Cruz del Carmen befinden. Im Zentrum für Besucher sind Prospekte erhältlich und man kann sich über den Mercedeswald, die Wandermöglichkeiten sowie über alles Wissenswerte dieser Region informieren. Lorbeerbäume zählen zur Familie

8h Norden

der Lorbeergewächse. Seit jeher gilt der Lorbeer nicht nur auf Teneriffa als Machtsymbol und als Glücksbringer. Die ursprüngliche Heimat der immergrünen Gehölze ist wahrscheinlich Vorderasien. Von dort hat sich der Lorbeerbaum über den gesamten Mittelmeerraum und die Kanarischen Inseln verbreitet. Die in den Feuchtwäldern der Inseln wachsenden Lorbeerbäume werden beinahe ausschließlich von den häufigen Nebelschwaden und vom Passatwind mit Wasser versorgt. Schon von Weitem ist ein Lorbeerbaum an seiner konischen Wuchsform erkennbar. An einem guten Standort können die Bäume bis zu 12 Meter hoch werden und eine Breite von 10 Metern erreichen. Meist ist die Rinde junger Triebe braunrötlich gefärbt. Die leicht gewellten, dunkelgrünen Blätter des Lorbeerbaums sind schmal elliptisch, wechselständig angeordnet, nach beiden Seiten zugespitzt und verströmen einen aromatisch-würzigen Duft. Der Mercedeswald ist teilweise so dicht von Lorbeerbäumen bewachsen, dass der Himmel fast nicht mehr zu sehen ist. Man wandert wie durch einen grünen Tunnel in Richtung Anaga-Gebirge. Der Waldboden ist mit Farnen, Flechten und Moosen ebenfalls dicht bewachsen, sodass man unbedingt geeignetes Schuhwerk tragen sollte, wenn man durch den Mercedeswald wandert.

Die häufigen Nebel sowie die wilde Ursprünglichkeit der Natur verleihen dem Waldgebiet eine geheimnisvolle Aura. Der Mercedeswald wird deshalb auch als Märchenwald bezeichnet. Vor Millionen von Jahren waren dicht bewachsene Waldgebiete in der gesamten Region verbreitet. Heutzutage findet man Natur in dieser Form auf den Kanarischen Inseln nur noch in den Waldgebieten von Teneriffa wie dem Mercedeswald. Dennoch zählt der Lorbeerwald im Inselnorden eher zu den einsamen und wenig besuchten Gegenden. Seit einigen Jahren ist der Mercedeswald auch offiziell ein Naturschutzgebiet, dem eine große ökologische Bedeutung zugeschrieben wird. Der waldreiche Norden Teneriffas bildet einen außergewöhnlichen Kontrast zur wüstenähnlichen Vegetation, die den Süden der Insel prägt. Auch das Klima in der Nordregion unterscheidet sich ganz erheblich von den Wetterverhältnissen im Südteil der Insel. So ist es in den Wäldern deutlich kühler und außerdem sehr feucht. Beim Wandern sollte man daher wärmende Bekleidung tragen und auch eine Regenjacke oder einen anderen Regenschutz im Gepäck haben. Eine Wanderung im Mercedeswald auf Teneriffa zählt zu den ganz besonderen Erlebnissen und das nicht nur wegen der einzigartigen Schönheit der Natur. Damit man die Wandertour richtig genießen kann, sollte sie gut vorbereitet werden. Ob-

wohl die Wanderwege in der Region fast alle gut ausgeschildert sind, ist eine aktuelle Wanderkarte ein nützlicher Begleiter. Zusätzlich zur Streckenkarte sollte man auch eine Taschenlampe mitnehmen, wenn man in dieses urwaldartige Gebiet vordringen will. Im Gegensatz zum sonnig-warmen Süden der Insel Teneriffa herrschen im Mercedeswald-Gebiet unwirtliche Witterungsbedingungen, die nicht unterschätzt werden sollten.

Gut ausgerüstet und richtig gekleidet kann das atemberaubende Naturerlebnis beginnen. Für eine Wandertour im Mercedeswald sollte ein ganzer Tag eingeplant werden, damit genug Zeit zur Verfügung steht, um über schroffe Felsen zu klettern, das Bergmassiv zu erklimmen und schließlich direkt zum Meer hinunterzuwandern. Unterwegs gibt es viele Gelegenheiten, eine Pause einzulegen, das mitgebrachte Picknick zu verzehren und dabei die Ruhe inmitten der Natur sowie die herrlich frische und klare Luft zu genießen. Wandern im Mercedeswald wird oft sogar als Anti-Stress-Training bezeichnet, da der Aufenthalt in der ursprünglichen Natur einen echten Erholungswert besitzt. Als schönster Teil des Mercedeswalds gilt der Bereich nördlich der Hauptstraße, die von La Laguna ins Anaga-Gebirge führt. Auf einer Wanderung streift man einige kleine Dörfer, die mitten im Lorbeerwald liegen. Das mystische Flair dieses einmaligen, mit zahlreichen Lorbeerbäumen bewachsenen Waldgebietes vermittelt einen Hauch von Abenteuer. Eine interessante Wanderstrecke führt über Las Carboneras zum Dorf Chinamada, wo sich einige Höhlen aus Vulkangestein befinden, die schon vor Jahren zu Wohnungen umgebaut wurden. Ein Teil der Dorfbewohner lebt heute noch in den Höhlenwohnungen.

8h Norden

#27

Fischereihafen in Puerto de la Cruz

PETRI HEIL
beim Meeresangeln im offenen Meer auf Teneriffa

Für Angler ist die Insel Teneriffa ein wahres Paradies. Auch als Urlauber kann man im Meer fischen, entweder bei einem Angelausflug oder auch einfach vom Ufer aus.

Im Atlantischen Ozean tummeln sich zahlreiche kleine und große Fischarten. Zu den wichtigsten Arten zählen die Blaubarsche, Doraden und Brassen. Mit etwas Glück zieht man beim Angeln einen Barrakuda ans Land. Die besten Plätze um zu fischen sind die Häfen und Molen. Dort angeln auch die Einheimischen, indem sie Naturköder benutzen. Als besonders erfolgversprechendes Angelrevier gilt die Gegend um Puerto de la Cruz im Norden von Teneriffa. Man kann aber auch im südlichen Teil der Insel einen guten Fang machen, jedoch sollte man beim Brandungsangeln die hohen Wellen des Atlantiks nicht unterschätzen. Vor allem an der Steilküste können dadurch Gefahren drohen.

Grundsätzlich werden auf Teneriffa verschiedene Angelarten praktiziert. Die beiden beliebtesten Techniken sind die Grundfischerei sowie das Jigging. Mit Jigging ist das Fischen mit einem Jig (Angelköder) gemeint, das besonders bei Einheimischen sehr populär ist. In den kleinen Küstenorten sieht man die Angler bereits in den frühen Morgenstunden am Ufer stehen eingeformter Haken befindet. In der Regel wird der Jig von einem weichen Körper, der den Fisch anziehen soll, bedeckt. Die Jigs kommen auf Teneriffa hauptsächlich beim Angeln in felsigen Tiefen zwischen 70 und 100 Metern zur Anwendung.

und ihre Angeln auswerfen. Für viele ist das Angeln zum Hobby geworden. Aufgrund des Fischreichtums rund um Teneriffa ist das Fischen eine tolle Möglichkeit, sich selbst mit frischem Fisch zu versorgen. In den zahlreichen Fischrestaurants auf der Insel wird der frisch gefangene Fisch zu leckeren Fischmahlzeiten verarbeitet. Der beim Jigging verwendete Angelköder besteht meist aus einer Bleiplatine, an deren Ende sich ein

Es ist kaum vorstellbar, was sich unter der Wasseroberfläche des Atlantiks abspielt. Für jeden Sport- oder Hobbyfischer ist das Angeln auf Teneriffa deshalb ein besonderes Erlebnis, welches das Herz höher schlagen lässt! Der Angelsport zählt zu Recht zu den beliebtesten Sportarten auf den Kanaren. Beim Fischen an der Küste von Teneriffa kann man das ganze Jahr über auf einen guten Fang hoffen. Die guten Erfolgs-

8h · Norden

aussichten sind auch dadurch begründet, dass die Gewässer vor der Küste Teneriffas zu den Hauptzugrouten der verschiedensten Fischarten zählen. Daher ist es kein Wunder, dass die Vulkaninsel bei Sportfischern als eines der besten Angelreviere der Welt gilt. Häufig entsteht während eines Teneriffa-Urlaubs der Wunsch, einmal eine Angel in der Hand zu halten und eigenhändig den Fisch fürs Abendessen zu angeln. Für Urlaubsangler gibt es jedoch einiges zu beachten.

Beim Angeln auf Teneriffa wird zwischen dem Brandungsangeln und dem Hochseefischen in den Gewässern vor der Küste unterschieden. Angelausflüge werden vor allem in den Sommermonaten in vielen Urlaubsorten angeboten. Bei den organisierten Ausflügen kümmert sich der Veranstalter um alles Wichtige, sodass man lediglich auf entsprechende Kleidung achten und möglichst seefest sein sollte! Nach dem Auslaufen aus dem Hafen bietet sich im offenen Meer ein beeindruckendes Schauspiel. Beim Big Game Fishing sieht man imposante Meeresbewohner wie den Weißen oder Blauen Marlin aus nächster Nähe. Der Blaue Marlin, der normalerweise in großer Tiefe lebt, kann durch Kraken als Köder angelockt werden, während der Weiße Marlin Köderfische oder krebsartige Tierchen als Köder bevorzugt. Meist werden beim Hochseefischen verschiedene Thunfische gefangen.

In den Gewässern der Kanarischen Inseln sollen etwa 700 verschiedene Fischarten vorkommen, davon sind viele endemisch. Allerdings sind einige Spezies für den Menschen giftig, sodass beim Angeln auf eigene Faust an der Küste eine gewisse Vorsicht geboten ist. Einen Papageienfisch (die am häufigsten vorkommende giftige Fischart) erkennt man an der bunten Färbung, jedoch sind nur die Weibchen sehr farbig, während das Männchen eher grau und unscheinbar ist. Obwohl es im Meer vor Teneriffa über 50 Haiarten gibt, leben die meisten dieser Knorpelfische in Tiefen von etwa 200 Metern oder sehr weit weg von der Küste. Aber es gibt hin und wieder Sichtungen von Haien. Zu den beliebtesten Fischarten, die auf Teneriffa bei einer Schiffstour geangelt werden können, zählen die Goldmakrelen und Bernsteinmakrelen. Die beste Jahreszeit zum Angeln auf Teneriffa sind die Wintermonate zwischen November bis Februar. In dieser Zeit ist das Meer relativ ruhig und die Temperaturen sind mild. Geführte Angeltouren werden mittlerweile nicht nur von darauf spezialisierten Ausflugsagenturen, sondern oft sogar von einheimischen Fischern angeboten. Mit einem Charterboot geht es unter fachkundiger Begleitung auf den Ozean. Während sich Ausflugsanbieter meist um alle Details kümmern, müssen beim privaten Angeln auf Teneriffa wichtige Regeln wie die Mindestfang-Größen sowie die Verbote im Sinne des Artenschutzes selbst in Erfahrung gebracht und strikt eingehalten werden, wenn man keine Strafe riskieren will.

> *Beim Angeln an der Küste wird eine gültige Angellizenz vorausgesetzt. In Spanien unterscheidet man bei der Licencia de Pesca zwischen drei Kategorien. Die Angellizenz richtet sich nach der praktizierten Angelart. Beim Hochseeangeln vor Teneriffa muss keine Angelausrüstung mitgebracht werden – an Bord des Ausflugsschiffs befindet sich alles Notwendige, was für den Angeltrip benötigt wird. Das Hochseefischen findet auf speziell für diesen Zweck ausgelegten Schiffen statt. Als Teilnehmer eines Ausflugs benötigt man weder eine Fischereilizenz noch einen Angelschein. Seefest sollte man jedoch sein, wenn man sich aufs Meer begibt, denn der Atlantische Ozean kann sehr rau sein und das Schaukeln des Schiffs ist zunächst gewöhnungsbedürftig. Die unvergleichlichen Erlebnisse beim Fischen vor der Küste Teneriffas entschädigen jedoch für ein bisschen Seekrankheit.*

Wer nicht gern mit dem Schiff unterwegs ist, aber unbedingt angeln möchte, kann auf Teneriffa auch an der Küste die Angelrute auswerfen und auf einen guten Fang hoffen. Mit etwas Geduld zieht man neben Meerbrassen und Barrakudas auch Riesenzackenbarsche an Land. Beim Sportfischen wird jedoch eine entsprechende Lizenz benötigt. Zuständig für die Ausstellung einer Angellizenz ist die örtliche Behörde für Landwirtschaft, Fischerei, Gewässer und Viehzucht. Dort kann man sich auch über geltende Gesetze und Vorschriften informieren. Da das Ausstellen einer Lizenz zum Angeln durchaus einige Wochen in Anspruch nehmen kann, muss die Angellizenz möglichst frühzeitig beantragt werden. Wer spontan angeln will, ist mit einem organisierten Ausflug besser beraten. Das Fangen geschützter Fischarten ist auf den Kanarischen Inseln grundsätzlich nicht gestattet. Zu den unter Schutz stehenden Arten zählen unter anderem der Seehecht, der Schwertfisch, der „Rote Thun" sowie der Dianafisch.

#28
WESHALB EINE SEGELTOUR
ein „Muss" auf Teneriffa ist

Zu einem Urlaub auf einer Insel gehört unbedingt eine Segeltour!

Besonders auf Teneriffa, wo Boots- und Segeltouren zu den Top-Aktivitäten zählen, gibt es wohl kaum etwas Schöneres, als in einem Segelboot zu sitzen und sanft durchs Wasser zu gleiten. Auf dem Atlantik unterwegs kommt richtiges Urlaubsfeeling auf, wenn sich die Segel im Wind aufblähen. Wer selbst keinen Segelschein hat, kann an einem Segelausflug teilnehmen oder ein Segelboot mit Kapitän mieten. Beinahe in jedem Badeort auf der Insel werden mehrstündige, halbtägige und ganztägige Segeltouren angeboten. Außerdem bestehen in den meisten Urlaubsorten verschiedene Möglichkeiten, an Segelkursen teilzunehmen und sogar den Segelschein zu erwerben. Oft führen die Segelausflüge in kleine Buchten, in denen gebadet oder geschnorchelt werden kann. Bei Halbtags- oder Ganztags-Segelausflügen sind häufig eine Mahlzeit und Getränke inbegriffen. Da Segelausflüge auf Teneriffa nicht immer ganz günstig sind, empfiehlt es sich, meh-

🕐 **4h** 📍 **Nordosten**

rere Optionen zu vergleichen. Ein Segeltörn entlang der Küste ist auf jeden Fall ein unvergessliches Erlebnis. Die schönsten Segelreviere findet man an der Ostküste. Als bester Startpunkt für eine Segeltour gilt der kleine Jachthafen Puerto Deportivo Radazul, der etwa 13 Kilometer von der Hauptstadt Teneriffas entfernt und deshalb einfach zu erreichen ist. Weitere schöne Ankerbuchten für Segelausflüge sind Punta de Teno und Los Gigantes. Da die Insel Teneriffa als Starkwindrevier gilt, kann das Segeln auch für erfahrene Segler zur Herausforderung werden. Seefest sollte man daher sein, wenn man an einer Segeltour auf Teneriffa teilnehmen möchte, da aufgrund des kräftigen Segelwindes ein ruhiges Segeln im Atlantik nur gelegentlich möglich ist.

#28

Puerto Deportivo Radazul

#29 8h

TRADITION ERLEBEN
im Wallfahrtsort Candelaria

Candelaria ist Teneriffas berühmter Wallfahrtsort.

Einen Besuch in der Kleinstadt an der Ostküste sollte man sich deshalb nicht entgehen lassen, wenn man auf der Insel Urlaub macht. Die Wallfahrten, an denen sich neben zahlreichen Einheimischen auch Touristen aus ganz Spanien, die extra zu diesem Zweck anreisen sowie Urlauber aus anderen Ländern beteiligen, finden an kirchlichen Feiertagen wie dem 2. Februar, dem 14. oder 15. August statt. Während tagsüber in den Kirchen die Festtagsgottesdienste abgehalten werden, wird abends kräftig gefeiert. Der Höhepunkt ist dann das große Feuerwerk, das jeweils am späten Abend stattfindet und den Nachthimmel in bunte Farben taucht. Auf die religiöse Bedeutung von Candelaria weist bereits die Basilika Nuestra Señora hin, die direkt am Meer steht. Bei einem Spaziergang am Ufer fallen die mächtigen Statuen auf, die zur Erinnerung an wichtige Guanchen-Führer errichtet wurden. Die Guanchen gelten als Ureinwohner der Kanarischen Inseln und haben auch auf Teneriffa ihre Spuren hinterlassen. Die Kleinstadt Candelaria besitzt ein ganz besonderes Flair. Spirituali-

Blick auf Candelaria

8h · Nordosten

tät und Religiosität werden hier großgeschrieben. Im Leben der Inselbewohner spielt der religiöse Glaube auch heute noch eine wichtige Rolle. Die majestätische Basilika beherbergt die Virgen de la Candelaria, die als Schutzheilige der Kanaren gilt und im Volksmund auch La Morenita genannt wird.

Am 15. August, dem christlichen Feiertag Mariä Himmelfahrt, beginnen die Festlichkeiten in Candelaria bereits im Morgengrauen. Die Basilika ist dann das Ziel Tausender Pilger, die oft sogar zu Fuß aus allen Teilen der Insel aufbrechen, um der Schutzheiligen in Candelaria ihre Ehre zu erweisen. Obwohl der 15. August in ganz Teneriffa gefeiert wird, sind die Feierlichkeiten in Candelaria als religiösem Zentrum der Insel besonders schön. Das Städtchen an der Ostküste genießt bereits seit 1392, als Ureinwohner Teneriffas dort die Statue der Virgen de la Candelaria gefunden haben, als wichtigster Wallfahrtsort der Insel eine große Bedeutung. Die originale Statue soll zwar während eines Unwetters im 19. Jahrhundert verloren gegangen sein, dennoch hat die Stadt Candelaria nichts von ihrer religiösen Wichtigkeit eingebüßt. Zudem gilt Candelaria als wichtiges Bindeglied zwischen der Kultur der Guanchen und den kulturellen Werten Spaniens. Diese Verbindung zeigt sich auch an den Baudenkmälern und der Bauweise in der Stadt, die zum einen aus typisch kanarischen Bauwerken und zum anderen aus Traditionen, die auf die Guanchen zurückgehen, bestehen. Die Bedeutung von Candelaria als Stadt der Schutzpatronin der Kanarischen Inseln ist so groß, dass die kanarische Regierung sie im Jahr 2005 zum nationalen Kulturgut ernannte.

Die Basilika von Candelaria

Die bekanntesten Sehenswürdigkeiten sind fast ausschließlich Kirchen wie die Basilika, die mit ihren drei Kirchenschiffen, einer 25 Meter hohen Kuppel sowie einer Bedachung im Mudéjar-Stil ein sehr beeindruckendes Bauwerk ist. In der Hauptkapelle ist das Gnadenbild der Jungfrau von Candelaria zu sehen, während sich im Inneren wertvolle Gemälde und Wandmalereien befinden. Die Highlights in der Kirche sind das Schaugerät „Christus der Versöhnung", eine im 18. Jahrhundert auf den Kanarischen Inseln angefertigte barocke Monstranz sowie ein Taufbecken aus dem 16. Jahrhundert, das einen großen historischen Wert haben soll. Neben der Basilika von Candelaria befindet sich das Dominikanerkloster. Von dort aus sind es nur wenige Fußminuten bis zur Höhle Cueva de Achbinico, die auch als Cueva de San Blas bezeichnet wird und der Fundort der Jungfrau La Morenita gewesen sein soll.

Die Umgebung von Candelaria ist durch Höhlen und Naturstrände geprägt. Es ist deshalb ratsam, beim Spaziergang und beim Wandern in der Region feste Schuhe zu tragen. Der kleine Stadtstrand Playa Candelaria besteht aus schwarzem Sand und Kieseln. Im Ort gibt es einige Fischrestaurants, wo man sich mit einer leckeren, frisch zubereiteten Fischmahlzeit stärken kann. Abgesehen von den religiösen Feiertagen ist Candelaria eine ruhige Stadt, die noch nicht vom Massentourismus entdeckt wurde. Die Kleinstadt ist etwa 20 Kilometer südlich der Hauptstadt Santa Cruz de Tenerife gelegen und mit dem Mietauto gut erreichbar. Auch für Wanderer und Individualisten, die Teneriffa gern auf eigene Faust entdecken wollen, hat die Umgebung von Candelaria mit ihren vielen Tälern und Canyons einiges zu bieten.

Der Drachenbaum Drago Milenario in Icod de los Vinos

#30 2h

DEN DRACHENBAUM DRAGO MILENARIO
entdecken

Das Wahrzeichen der Insel Teneriffa ist tatsächlich ein Baum.

Der Drachenbaum Drago Milenario soll etwa 1.000 Jahre alt und damit der älteste seiner Art auf der Kanareninsel sein. Den Namen Drachenbaum besitzt der zu den Liliengewächsen gehörende Baum zu Recht. Immerhin erinnert das rote Harz, dem eine heilende Wirkung zugeschrieben wird, an Drachenblut. Zu sehen ist der berühmte Drachenbaum im Parque del Drago, der in der Gemeinde Icod de los Vinos im Nordwesten Teneriffas liegt. Der Baum mit den opulenten Zweigen ist bereits vom Platz neben der Kirche aus sichtbar. Typisch für solche Liliengewächse ist, dass sie im Gegensatz zu anderen Baumarten keine Altersringe bilden. Auf der Insel ranken sich deshalb viele Sagen um das wahre Alter des berühmtesten Drachenbaums. Inzwischen geht man davon aus, dass er ungefähr 800 Jahre alt sein könnte, aber auch diese Schätzung lässt sich bislang nicht beweisen. Wie das dunkelrote Drachenblut entsteht, weiß man hingegen ganz

2h • Nordwesten

genau. So färbt sich das Harz des Baumes rot, wenn es mit Sauerstoff in Berührung kommt. Der Drachenbaum ist ein Baum mit vielen Besonderheiten. Aus abgebrochenen Trieben wachsen neue Äste heran. Dies erinnert die Inselbewohner ebenfalls an eine Drachenlegende, in der die Drachenköpfe sogar nach dem Abschlagen wieder nachgewachsen sind. Der Drachenbaum wächst nicht überall. Diese besondere Baumart findet man nur auf den Kanarischen Inseln sowie auf Madeira, auf den Kapverden und in Marokko. Selten sind Drachenbäume jedoch so frei zugänglich wie der Drachenbaum Drago Milenario. Die Bäume mit der mächtigen Baumkrone und den vielen verzweigten Ästen wachsen eher in felsigen Landschaften oder in Schluchten. Die schwertförmigen Blätter des Drachenbaums entwickeln sich zu einer regelrechten Kuppel, sodass der Baum eine stattliche Höhe von bis zu 20 Metern erreichen kann. Ein besonderer Anblick sind die weißen Blüten, die nach der Blütezeit zu orangefarbenen Beeren werden. Diese Blütenpracht zeigt der Drago Milenario auf Teneriffa alle vier Jahre. Für einen Drachenbaum ist das äußerst ungewöhnlich. Normalerweise steht diese Art Baum nämlich nur alle fünfzehn Jahre in voller Blüte. Auf Teneriffa hat man den 17 Meter hohen Drachenbaum, der einen Umfang von etwa sechs Metern hat, bereits 1917 unter Naturschutz gestellt.

Seitdem wurde der berühmte Baum auf vielen Kunstwerken verewigt und zierte früher sogar den 1.000-Peseten-Schein. Von den kanarischen Ureinwohnern wurde das rote Drachenbaum-Harz früher zum Färben von Wolle und anderer Textilien verwendet. Außerdem nutzte man den roten Saft auf Teneriffa bis ins Mittelalter zur Einbalsamierung der Toten.

WO FINDET MAN DEN BERÜHMTESTEN DRACHENBAUM VON TENERIFFA?

Der Parque del Drago ist eintrittspflichtig. Dort werden mehrsprachige Führungen angeboten, das Parkareal kann aber auch auf eigene Faust erkundet werden. Am Eingang des botanischen Gartens befindet sich das Drachenbaumhaus, das als Informations- und Treffpunkt fungiert. Der Park ist täglich tagsüber geöffnet. Neben dem Haupteingang in der Ortschaft Icod de los Vinos gibt es seit einiger Zeit einen weiteren Eingang, der durch eine kürzlich entdeckte Vulkanhöhle in diesen botanischen Garten führt.

#30

#31

2h

SCHWIMMEN INMITTEN DER NATUR –
Auf Teneriffa kann man im Naturpool baden

Zu den Besonderheiten von Teneriffa zählen die vielen Naturpools, die es überall auf der Insel gibt.

Ein Naturpool ist nicht etwa ein „normaler Swimmingpool", sondern ein auf natürliche Weise und aus Lavaströmen entstandenes Wasserbecken, das mit Wasser des Atlantiks befüllt ist. Die meisten Naturpools befinden sich im Nordwesten der Insel. So kann man das Schwimmen in einem atemberaubenden Naturpool mit der Besichtigung des Ortes Garachico, der für seine natürlichen Schwimmbecken berühmt ist, verbinden. Die kleine Stadt Garachico, die bereits 1496 gegründet wurde, zählt zu den äl-

2h Nordwesten

Naturpool in Garachico

testen Orten Teneriffas und besitzt eine sehr sehenswerte Altstadt.

Die meisten Besucher kommen wegen der Naturpools, die als Folge der zahlreichen Vulkanausbrüche in Meeresnähe entstanden, nach Garachico. Viele dieser natürlichen Pools, die auf den Kanarischen Inseln als „Charcos" bezeichnet werden, hat man inzwischen durch künstliche Wände verstärkt und somit stabile Schwimmbecken geschaffen. Neben Garachico gibt es auch in San Juan de la Rambla einen paradiesischen Pool, den Charco De La Laja, der an der Felsküste liegt und die Möglichkeit, inmitten einzigartiger Natur zu schwimmen mit einer tollen Aussicht auf die Berglandschaft verbindet. Ein weiterer bekannter Naturpool auf Teneriffa ist der Charco Los Chochos, dessen schöne Salzwasserbecken durch ihre bizarren Formen beeindrucken. Der Naturpool gehört zum Gebiet der Gemeinde Los Silos und ist an seiner tiefsten Stelle etwa zwei Meter tief. Es gibt eine Steintreppe mit Geländer, die den Zugang erleichtert. Die meisten von der Natur geschaffenen Swimmingpools auf Teneriffa stehen ganzjährig zum Baden und Schwimmen zur Verfügung und sind auch für Familien mit Kindern geeignet, sofern es die Witterungsverhältnisse sowie die Bedingungen des Meeres erlauben.

Da sich die Naturpools auf felsigem Untergrund befinden, sollten stabile Schuhe und keine „Badeschlappen" getragen werden. In den Wanderrucksack gehören neben Handtuch und Badetuch auch Sonnenschutzmittel sowie Kleidung zum Wechseln.

#32 4h

WÜSTENFEELING PUR
beim Kamelreiten auf Teneriffa

Wer noch nie auf einem Kamel geritten ist, findet auf Teneriffa die Möglichkeit, mit den Wüstentieren Bekanntschaft zu schließen und sich über Felder und Wiesen, durch gebirgige Landschaften und auf engen Pfaden tragen zu lassen.

Kamelritte werden stundenweise sowie als halb- oder ganztägige Ausflüge in verschiedenen Badeorten angeboten. Als besonders interessantes Ziel für eine Tour auf dem Kamel gilt El Tanque, ein traditionelles Dorf im Nordwesten der Insel. Unterwegs begegnet man weiteren charakteristischen Nutztieren der Kanarischen Inseln wie den Pelibuey-Schafen, kanarischen Ziegen und Eseln. Kamelreiten ist eine tolle Möglichkeit, diese ruhige Gegend zu erkunden. Bei einer Halbtagestour dauert der Kamelritt etwa 30 Minuten, während man sich bei einem Ganztagsausflug entsprechend länger durch die Gegend schaukeln lässt. Da die Abholung vom Hotel nicht in jedem Ausflugsangebot enthalten ist, erkundigt man sich am besten beim Veranstalter danach. Häufig zählen eine typische Tapas-Verkostung mit kanarischen Kartoffeln (Papas arrugadas) und weiteren Spezialitäten der Insel wie Honigkäse, eine

4h **Nordwesten**

Kamelreiten in El Tanque

Weinprobe oder die Gelegenheit, lokale Früchte zu probieren zum Ausflugsprogramm. Bei einem Kamelausflug in der Region El Tanque sieht man die ruhige Seite von Teneriffa und erlebt die felsige Landschaft im Inselnorden, während man sich vom Kamel über den steinigen Untergrund tragen lässt.

Grundsätzlich sind Kamele sehr liebenswerte und zahme Tiere. Eine Kamel-Safari stellt jedoch auch für die vierbeinigen Wüstenbewohner eine große Herausforderung dar. Von den Veranstaltern der Kameltouren werden daher gewisse Vorsichtsmaßnahmen getroffen. Damit der Kamelritt richtig Spaß macht, sollten die Anweisungen des Reiseleiters befolgt werden. Für einen Ausflug mit dem Kamel sind keine Vorkenntnisse nötig. Es wird deshalb auch nicht erwartet, dass man weiß, wie man sich in den Sattel setzt oder dem Tier Befehle erteilt. Aus der Nähe betrachtet, wirken die Wüstentiere jedenfalls viel größer und mächtiger als Pferde. Die rhythmischen Schaukelbewegungen sind zunächst neu, jedoch hat man sich rasch daran gewöhnt und kann die Tour durch die Landschaft Teneriffas entspannt genießen.

Beim Kamelreiten auf Teneriffa gelten folgende Voraussetzungen:

Wichtig ist eine gute körperliche Verfassung, es sollten keine Rückenleiden vorhanden sein. Ab einem Alter von sechs Jahren können Kinder allein auf einem Kamel sitzen, während jüngere Kinder bei einem Elternteil Platz nehmen. Es wird bequeme Kleidung empfohlen. Ideal sind luftige, lange Baumwollhosen, ein langärmliges Hemd oder T-Shirt aus Baumwolle sowie Turnschuhe oder andere bequeme feste Schuhe. Optional kann auch ein Schutzhelm getragen werden.

> **DIES IST MITZUBRINGEN:**
>
> *Ein Sonnenhut, eine Kappe oder eine andere Kopfbedeckung (dient dem Schutz vor Sonne und Wind), Sonnenbrille und Sonnenschutz, Fotokamera oder Handy, um die schönsten Momente des Kamelausflugs im Bild festzuhalten.*

El Tanque

#32

Das malerische Bergdorf Masca

#33

4h

ABENTEUER IN DEN BERGEN
erleben und dabei das malerische Bergdorf Masca erkunden

Das kleine Bergdorf Masca, das im grünen Nordwesten der Insel liegt, besteht nur aus 80 Häusern.

Die etwa 100 Bewohner, die in diesem Ort zu Hause sind, lebten früher hauptsächlich von der Landwirtschaft. Seitdem immer öfter Tagesausflügler dieses wunderschön in den Bergen ge-

4h Nordwesten

legene Dorf besuchen, haben sich dort einige Bars, Restaurants und Kunsthandwerksläden etabliert. Außerdem gibt es ein paar Casas Rurales (ländliche Unterkünfte), die Übernachtungsmöglichkeiten anbieten. Das Teno-Gebirge ist eine der ältesten geologischen Landschaften Teneriffas. Die gebirgige Region entstand vor etwa 8 Millionen Jahren. Die außergewöhnlichen Felsformationen sind das Ergebnis verschiedener Vulkanausbrüche. Besonders beeindruckend ist die reiche endemische Pflanzenwelt. Das Bergdorf Masca liegt auf einer Höhe von 650 Metern inmitten einer einmaligen Umgebung. Beim Spazierengehen durch den kleinen Ort entdeckt man steil abfallende Felsschluchten und eine subtropische Vegetation. Frühmorgens, wenn noch keine Tagesausflügler durch das Dorf schlendern, ist es so ruhig, dass man die Stille spüren kann. Der frühe Morgen ist die ideale Zeit für eine Wanderung zur Masca-Schlucht. Die Tour, die etwa 3 Stunden dauert, wird auch als organisierte Wanderung angeboten. Das Bergdorf liegt direkt in einem Vulkankrater. Beim Wandern sollten unbedingt feste Schuhe getragen werden. Das Ortsbild von Masca wird von terrassierten Feldern geprägt. Schon auf den ersten Blick fällt die besondere Bauart der Häuser auf. So sind in mehrstöckigen Häusern die einzelnen Zimmer nicht durch Eingänge im Hausinneren miteinander verbunden, sondern haben jeweils eine Eingangstür von außen, die über kleine Treppen ins Erdgeschoss führt. Das Bergdorf Masca besteht aus drei Ortsteilen. Diese verteilen sich über verschiedene Berghänge. Bei einem Spaziergang durch den Ort kann man das Leben der Einheimischen beobachten. Im Ortszentrum wird lokal angebautes Obst und Gemüse wie beispielsweise die leckeren, aber stacheligen Kaktusfeigen sowie typisch kanarische Produkte verkauft. Früher war das Bergdorf nur mit dem Esel oder zu Fuß erreichbar. Mittlerweile gibt es eine gut ausgebaute Straße, die Masca mit den benachbarten Ortschaften sowie der Inselhauptstadt verbindet. Die Strecke ist landschaftlich sehr schön, aber auch sehr kurvenreich. Die Anfahrt führt von der Küste in eine zerklüftete Landschaft, die einmalig schön ist. Die Straße, die in immer enger werdenden Kurven um steile Hänge herumführt, gilt als eine der spektakulärsten Strecken in Spanien.

Bergdorf Masca

#33

#34 8h

Nervenkitzel für Abenteuerlustige und Adrenalin-Junkies – CANYONING AUF TENERIFFA

Canyoning ist auch auf Teneriffa eine der populären neuen Trendsportarten.

Parque Rural de Teno

#34

8h **Nordwesten**

Der Extremsport eignet sich für besonders Wagemutige, die sich im Teno-Massiv in spektakuläre Schluchten stürzen wollen. Teneriffas Natur ist nirgendwo so beeindruckend wie im Naturpark Parque Rural de Teno im Norden der Insel. Das Canyoning umfasst rasante Abseilmanöver, Tauchen und Schwimmen durch Wasserfälle ebenso wie das Rutschen über ausgespülte Felsbahnen sowie das Springen von Felsen und ist deshalb nur für sehr sportliche Urlauber geeignet, die zudem über eine gute Kondition verfügen. Bei dieser abenteuerlichen Begegnung mit der Natur ist man jedoch nicht auf sich allein gestellt, sondern bekommt professionelle Unterstützung durch einen qualifizierten Guide, der die gesamte Tour begleitet. Als Extremsportart sollte das Canyoning nicht unterschätzt werden. Diese Sportart ist durchaus mit einigen Gefahren verbunden, allerdings bietet sie auch Highlights, die beim herkömmlichen Sport kaum zu finden sind. Canyoning-Interessierte müssen über eine gute Trittsicherheit verfügen und außerdem Ausdauer sowie Verantwortungsgefühl mitbringen. Leichtsinnig sollte man jedenfalls nicht sein, wenn man von einem Felsen springt oder sich abseilt. Bei einer Schluchtentour ist Teamgeist gefragt. So unterstützen sich alle Teilnehmer gegenseitig, wenn es darum geht, unter einem Wasserfall hindurch zu tauchen oder zu schwimmen.

GUT ZU WISSEN:

Ganztägige Canyoning-Touren im Teno-Naturpark dauern etwa 7 Stunden. Auch Anfänger können daran teilnehmen, sie sollten jedoch fit und in der Lage sein, sich auch in rauem Gelände sicher zu bewegen. Canyoning-Ausflüge auf Teneriffa werden von professionellen Reiseleitern begleitet. Die notwendige Sicherheitsausrüstung sowie der Neoprenanzug werden in der Regel zur Verfügung gestellt.

#35 2h

PAPAS ARRUGADAS –
Wo gibt es die köstlichen Schrumpelkartoffeln?

Zu einem Urlaub auf Teneriffa gehört das Ausprobieren lokaler Spezialitäten unbedingt dazu.

Die kanarische Küche ist sehr bodenständig. Gegessen wird, was das Land hergibt, nämlich Obst und Gemüse. Besonders populär sind die Pellkartoffeln, die hier Papas arrugadas genannt werden. Das traditionelle Kartoffelgericht wird auch auf den anderen Kanarischen Inseln gegessen, entweder als Hauptgericht oder als Beilage zu Fisch- und Fleischmahlzeiten. Meist wird die Mojo Rojo, eine scharfe Chili-Pfeffer-Knoblauchsauce zu den gekochten Pellkartoffeln mit der Salzkruste serviert. Auf Teneriffa gehören die Papas arrugadas zu den Grundnahrungsmitteln. Eine Portion „Papas" bekommt man daher fast an jeder Ecke, beim Stehimbiss ebenso wie in der Dorf-Gaststätte. Man kann sie als leckere Zwischenmahlzeit jedoch auch in der Ferienwohnung selbst zubereiten. Für die schmackhaften Papas arrugadas werden nur mehlig kochende Kartoffeln vom Wochenmarkt oder aus dem Supermarkt sowie

⏲ 2h

etwas Meersalz benötigt. Die Einheimischen verwenden für ihr Kartoffelgericht die Urkartoffel-Sorten Papas bonitas oder Papas negras. Anschließend werden die Kartoffeln einfach in Meerwasser oder Salzwasser gekocht, sodass sie eine salzige Schale bekommen. Die Zubereitung ist sehr einfach und die kanarischen Salzkartoffeln schmecken superlecker! Wer die beliebteste Landesspezialität von Teneriffa vor Ort genießen will, hält am besten in einem der Dörfer nach einem einheimischen Lokal Ausschau. Dort findet man die sogenannten Guachinches, einfache Restaurants, die sich auf kanarische Speisen spezialisiert haben und neben den Papas arrugadas auch andere typische Gerichte zu sehr günstigen Preisen servieren. Der Begriff „Guachinches" leitet sich von den Ureinwohnern der Kanaren, den Guanchen ab, die früher auf dem Lande in sehr einfachen Verhältnissen lebten und das aßen, was sie auf ihren Feldern anbauten. Mit ihrer bescheidenen, bodenständigen Lebensart haben die Guanchen die Küche von Teneriffa und den anderen kanarischen Inseln entscheidend geprägt. Inzwischen kann man die Papas arrugadas sogar in der Mikrowelle zubereiten, allerdings würde dies kein Restaurant auf Teneriffa tun.

UNSER TIPP

Kanarische Spezialitäten am besten in Restaurants genießen, in denen auch Einheimische verkehren. In den Touristenorten sind die Speisen meist nicht nur teurer, sondern auch auf die Vorlieben eines internationalen Publikums abgestimmt und daher kaum original. In den Dörfern im Inselinneren werden Teneriffa-Speisen wie die Papas arrugadas noch auf traditionelle Weise zubereitet. Auch in der Inselhauptstadt und anderen größeren Orten bekommt man die leckeren Salzkartoffeln mit Soße oft als Snack zum Mitnehmen an jedem Imbiss.

Leckere Papas arrugadas

#36 4h

Nur etwas für echte Abenteurer –
HÖHLENWANDERN AUF TENERIFFA

Teneriffa ist eine echte Vulkaninsel, deren Oberfläche durch zahlreiche Vulkanausbrüche geprägt ist.

So gibt es auf der größten Insel der Kanaren zahlreiche Höhlen, die man beim Höhlenwandern entdecken kann. Wanderwege führen durch die einzigartige, bizarre Landschaft, in der sich verschiedene Höhlen sowie ganze Höhlensysteme verbergen. Lohnt sich der Abstieg in die Unterwelt? Auf jeden Fall! Es gibt sogar so viel zu entdecken, dass ein einziger Urlaubstag gar nicht ausreicht, um alles zu sehen. Oft verbinden unterirdische Gänge die einzelnen Höhlen miteinander. Unter der Erdoberfläche ist es angenehm kühl, ganz anders als im sonst so sonnig-warmen Teneriffa. Das Höhlenwandern wird oft auch als Caving bezeichnet, vielleicht weil es sich englisch einfach besser anhört. Es ist jedoch dasselbe damit gemeint – nämlich das Begehen von Höhlen. Ganz einfach ist das allerdings nicht, denn beim Höhlenwandern geht es weniger um das Wandern, sondern um das Hinabsteigen in eine Höhle und dafür sind einige Kletterkünste notwendig. Beim Caving auf Teneriffa wird geklettert, gekrochen und hin und wieder abgetaucht. Dadurch ist das Höhlenwandern gleichzeitig ein tolles Fitnesstraining. Außerdem wird dabei auch der Gleichgewichts- und Orientierungssinn geschult. Caving ist aber auch anstrengend und nur zu empfehlen, wenn man körperlich und psychisch fit ist. Für Anfänger ist es wichtig, sich nicht allein in die Höhlen zu begeben, sondern zunächst an einer geführten Höhlenwanderung teilzunehmen. Beim

4h Mitte

UNSER TIPP:

Unser Geheimtipp für eine besonders abenteuerliche Höhlenwanderung: Die Cuevo del Hielo, auch Eishöhle genannt! Sie befindet sich oberhalb der Schutzhütte Alta Vista, an dem Aufstieg zum Teide-Krater.

Höhlenwandern kann man Teneriffa von einer völlig neuen Seite kennenlernen. Es ist erstaunlich, wie viele vulkanische Tunnel und Höhlen sich unter der Oberfläche dieser Vulkaninsel verbergen. Oft stößt man beim Herabklettern auf sehenswerte Felsformationen. In der Dunkelheit fühlt man sich wie ein Abenteurer, der zum ersten Mal geheimnisvolle Wege beschreitet. Die vulkanische Unterwelt hält so manche Überraschung bereit. Vielleicht entdeckt man eine neue Höhle oder einen Zugang, der zuvor noch niemals betreten wurde. Beim Höhlenwandern hat die eigene Sicherheit natürlich oberste Priorität. Deshalb sollte man auf Teneriffa nicht einfach auf eigene Faust zu einer Höhlenwanderung aufbrechen, ohne jemanden darüber zu informieren. Idealerweise schließt man sich einer geführten Tour an, die von einem ortskundigen Reiseleiter begleitet wird. Ebenso wie in anderen EU-Ländern gibt es auf Teneriffa eine Höhlenrettung, die im Notfall Unterstützung leistet. Soweit sollte es jedoch nicht kommen. Die maximale Dauer einer organisierten Höhlenwanderung liegt meist bei 3 Stunden.

Worauf kommt es beim Höhlenwandern an?

Bei einer organisierten Höhlenwanderung wird angemessene Kleidung (Wanderbekleidung, feste Schuhe) sowie geeignete Ausrüstung erwartet. Außerdem sollte man einen Rucksack mitnehmen, um Getränke und Verpflegung für unterwegs sowie Sonnenschutzmittel darin zu verstauen. Über die Anforderungen der Höhlenwanderung und die Beschaffenheit der Höhlen, in die geklettert wird, informiert der Wanderführer. Wenn man auf eigene Faust wandert, muss man sich selbst um diese Informationen kümmern und außerdem die Wettervorhersage beachten.

Teide Nationalpark

Die Pflanze „Echium Wildpretii" auch Turm der Juwelen genannt

37

8h

NATIONALPARK TEIDE
entdecken

Ein schöner Ausflug ins Inselinnere ist der Besuch des Nationalparks Teide.

Üppige Wälder und Lavafelder begrüßen den Besucher des bekanntesten Nationalparks Europas, der inzwischen zum UNESCO-Weltnaturerbe zählt. Bei einer Wanderung oder Jeep-Safari sollten bequeme, bergfeste Schuhe getragen werden. Auch eine Regenjacke gehört mit in den Rucksack, zumindest wenn man im Herbst oder Winter durch den Nationalpark Teide streift. Sehenswert sind die aus Vulkangestein bestehenden Felsformationen Roques de García, die auch ein tolles Fotomotiv darstellen. Unterwegs durch den riesigen Park ist eine Vielzahl von geologischen Schätzen, die es so sonst nirgendwo gibt, wie Vulkane, Lavaflüsse, vulkanische Phänomene, Krater und Schlote zu sehen. Versteinerte Lavaflüsse bieten einen überwältigenden Eindruck. Die erodierten Felsen haben teilweise kolossale Dimensionen. Damit man beim Wandern durch dieses steinige Durcheinander nicht vom Weg abkommt, sollte auf die Hinweisschilder geachtet werden. Einen ganz besonderen Charme bietet der Nationalpark des Teide in den Frühlingsmonaten. Zwischen Februar und Mai bilden blühende

⏱ 8h 📍 Mitte

Pflanzen einen riesigen, weltweit einzigartigen Blumengarten voller strahlender Farben. Der Teide selbst ist eine dominante Erscheinung. Je nach Jahreszeit und Blickwinkel zeigt der 3.718 Meter hohe, immer noch aktive Vulkan, ein anderes Antlitz.

Die Hänge des Schichtvulkans sind kaum bewachsen. Der majestätisch wirkende Pico del Teide erhebt sich aus einer riesigen Caldera, die einen Durchmesser von etwa 17 Kilometern aufweist. Das Meer aus vulkanischen Steinen, das sich zu Füßen von Spaniens höchstem Gipfel erstreckt, ist geologisch betrachtet noch sehr jung. Das bunte Zusammenspiel verschiedener Formen und vulkanischer Materialien ist in seiner Weise einzigartig und hinterlässt einen bleibenden Eindruck. Als Schichtvulkan entstand der Teide nicht in einem einzigen Schritt, sondern durch die Anhäufung von Materialien durch viele aufeinanderfolgende Eruptionen. Auch der 200 Meter hohe Gipfel El Pitón entstand aus einem älteren Krater. Für die Besteigung des Gipfels ist eine Genehmigung erforderlich. Diese wird im Büro der Nationalparkverwaltung, das sich in der Hauptstadt Santa Cruz de Tenerife befindet, ausgestellt und kann persönlich oder online beantragt werden. Die Erlaubnis ist kostenlos und beinhaltet ein Zeitfenster von zwei Stunden. Somit kann der Gipfel bestiegen werden, sofern die Wetterbedingungen dies erlauben. Eine Genehmigung ist hingegen nicht notwendig, wenn auf 3.270 Metern Höhe im Refugio de Altavista übernachtet und der Gipfel bereits vor neun Uhr morgens erklommen wird. Für die Gipfeltour ist Bergausrüstung notwendig. Lediglich in der Woche nach Vollmond kann beim Aufstieg vom Refugio auf eine Stirnlampe verzichtet werden. Die Umgebung des Vulkans ist staubig und trocken. Das sollte auch bei der Auswahl der Wanderbekleidung berücksichtigt werden. Da die UV-Strahlung in großen Höhen wesentlich stärker ist, empfiehlt sich die Verwendung eines Sonnenschutzmittels mit hohem Lichtschutzfaktor. In diesem höchstgelegenen Ökosystem der Kanarischen Inseln leben zahlreiche Tierarten. Das Lavagestein bildet den natürlichen Lebensraum wirbelloser Kleintiere sowie einiger besonders auffälliger Wirbeltiere.

WIE KOMMT MAN HIN?

Der Teide-Nationalpark ist mit dem Mietwagen von allen Teilen Teneriffas über gut ausgebaute Straßen leicht zu erreichen. Außerdem verkehrt die Buslinie TITSA von allen größeren Orten der Insel zum Nationalpark. Zusätzlich bieten viele Reisebüros auf der Insel organisierte Ausflüge zum Nationalpark Teide an.

Teide Nationalpark

#37

38

8h

PICO DEL TEIDE
erklimmen

Den höchsten Berg Spaniens zu erklimmen, zählt zu den besonderen Erlebnissen eines Teneriffa-Urlaubs.

Mit seinen fast 4.000 Metern ist der Pico del Teide auch der dritthöchste Vulkan der Welt. Die schmerzenden Füße nach dem anstrengenden Aufstieg sind beim Anblick des herrlichen Sonnenaufgangs und der fantastischen Aussicht von einem der drei Aussichtspunkte schnell vergessen. In den Genuss des farbenfrohen Panoramas kommen jedoch nur die Frühaufsteher. Der schöne Anblick auf das Wolkenmeer lohnt sich auch bei schlechtem Wetter. Eine geführte Wanderung bis zum Gipfel des Teide dauert etwa 6 Stunden. Weniger anstrengend ist die Fahrt mit der Seilbahn bis zur Spitze. Die Besteigung des Teide auf eigene Faust erfordert eine gute Kondition und eine professionelle Wanderausrüstung. Auf dem Vulkangipfel herrschen eisige Temperaturen um den Gefrierpunkt. Wanderschuhe, warme Funktionskleidung und eine Kopfbedeckung sind daher unbedingt zu empfehlen. Der Wanderrucksack sollte groß genug sein, um die Wasserflasche und die Verpflegung für unterwegs darin zu verstauen. Restaurants oder Imbiss-Buden gibt es auf dem Weg

8h Mitte

Pico del Teide

zum Gipfel nämlich nicht. Da die Sonne auf Teneriffa sehr intensiv sein kann, sollte eine gute Sonnenbrille sowie ein Sonnenschutzmittel mit hohem Lichtschutzfaktor nicht fehlen. Bei Bedarf kann eine Übernachtung im Refugio eingeplant werden. Dadurch muss die Tour nicht an einem einzigen Tag absolviert werden. Wer ab 9 Uhr morgens Richtung Teidegipfel unterwegs ist, braucht die Genehmigung der Nationalparkverwaltung, die vorher online beantragt wird. Um pünktlich zum Sonnenaufgang oben zu sein, ist spätestens um 3 Uhr morgens am Parkplatz Montaña Blanca (Kilometerpunkt 40,7 an der Hauptstraße TF-21) aufzubrechen.

UNSER TIPP

Zuvor die genaue Zeit des Sonnenaufgangs im Internet recherchieren oder an der Rezeption der Ferienunterkunft erfragen, damit man rechtzeitig loswandern kann.

Pico del Teide
#38

GEHEIMNISVOLLES TENERIFFA –
Wie alt sind die Pyramiden von Güímar wirklich?

Fährt man ins Zentrum der Insel, dann fallen bereits von Weitem einige pyramidenförmig angehäufte Steinformationen auf.

Bis heute ist es den Forschern noch nicht gelungen, das Geheimnis der Pyramiden von Güímar zu entschlüsseln. Über das Alter der mysteriösen steinernen Erhebungen wird noch spekuliert. In der von Landwirtschaft geprägten Inselregion machen die sechs aus Lavasteinen bestehenden rechteckigen Terrassenbauten einen imposanten Eindruck. Inzwischen hat man rund um diese magischen Bauwerke aus Stein einen etwa 20.000 Quadratmeter großen Park angelegt. Quer durch die Parklandschaft führen zahlreiche Erlebnisrouten. Bei einer Wanderung durch den Pyramiden-Park erfährt man viel über die Geschichte, Natur und Kultur von Teneriffa und der anderen Kanarischen Inseln. Die Landschaft ist beeindruckend schön

2h **Osten**

und der Blick auf das Gebirge ist wunderbar. Archäologen sind inzwischen davon überzeugt, dass die pyramidenförmigen Terrassenbauten im 19. Jahrhundert entstanden sein müssen, da diese aus mörtelfrei aufgeschichteten Lavasteinen bestehen. Ursprünglich soll es in Güímar sogar neun Pyramiden gegeben haben, allerdings sind davon nur noch sechs erhalten.

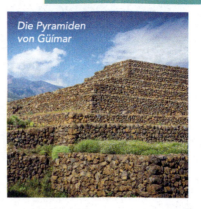

Die Pyramiden von Güímar

Über die Funktion dieser Stein-Pyramiden ist jedoch nichts bekannt, sodass weiter gerätselt werden darf, was dort früher geschah. Ein Mythos besagt, dass die Erbauer der Güímar-Pyramidenanlage vom Symbolismus der Freimaurer inspiriert waren und die Bauwerke in Richtung der beiden Sonnenwenden orientiert gebaut worden sind. In einer anderen Hypothese wird auf die Ähnlichkeit zwischen den südamerikanischen Maya-Tempeln und den Pyramiden auf Teneriffa hingewiesen. Als wahrscheinlichste Version gilt die wissenschaftliche Erklärung, wonach Bauern der Region für die Anhäufung der Steine gesorgt haben, da die herumliegenden Felsbrocken ihnen den Weg versperrten und sie deshalb einfach eine Flurbereinigung durchführten. Spannend ist der Besuch der Pyramiden von Güímar auf jeden Fall und da über die Funktion der Stein-Pyramiden nichts bekannt ist, kann man selbst kreativ werden und eigene Ideen entwickeln.

WIE KOMMT MAN HIN?

Die Ortschaft Güímar liegt an der Pista del Sur, Ausfahrt 11. Am Besucherzentrum gibt es kostenfreie Parkplätze. Da das ganze Gelände sehr steinig ist, empfiehlt es sich, beim Wandern feste Schuhe zu tragen.

#40

2h

WILDE TIERE AUF TENERIFFA?

Ja, es gibt sie – im Las Águilas Dschungelpark

Eine tierische Entdeckungsreise erwartet die Besucher im Las Águilas Dschungelpark.

Wilde Tiere, exotische Reptilien, Raubkatzen und sogar einige seltene Tierarten begegnen uns in diesem außergewöhnlichen Tierpark, der auf einer Gesamtfläche von 75.000 Quadratmetern immerhin 500 Tiere beherbergt. Große Teile des Parks liegen in einem Waldgebiet, sodass der Eindruck erweckt wird, man befinde sich tatsächlich mitten im Dschungel. Zur authentischen Atmosphäre tragen auch die Tiergehege bei, die den ursprünglichen Lebensbedingungen jeder Tierart angepasst wurden. Der Las Águilas Dschungelpark ist von Tunnels, Höhlen und Lagunen, über die Hängebrücken führen, durchzogen. Außerdem gibt es einige Wasserfälle, die dem Park ein abwechslungsreiches Landschaftsbild geben. Bei einem ausgedehnten Spaziergang lernt man den Dschungelpark und dessen tierische Bewohner am besten kennen. Außerdem finden jeden Tag mehrere Shows statt, bei denen ausgewählte Wildtiere ihre besonderen Fähigkeiten und ihr

2h Süden

Eintrittspreis inbegriffen. Im Park fühlen sich auch die Orang-Utans wohl, da die Parkverwaltung durch das Anpflanzen einer Vielzahl von Bäumen ein ähnliches Umfeld geschaffen hat wie die dichten Baumwälder in Borneo und Sumatra, woher die Tiere stammen. Beim Rundgang durch den Dschungelpark sieht man Lemuren aus Madagaskar und viele weitere Tierarten, die ursprünglich auf dem afrikanischen Kontinent beheimatet sind.

Können zeigen. Für Spaß im Erlebnis-Tierpark sorgen außerdem eine Riesenrutsche und eine Bobbahn. Wer Hunger und Durst bekommt, kann zwischen mehreren Fastfood- und Selbstbedienungsrestaurants auswählen. Im Geschenkeladen findet man sicher einige Souvenirs als Mitbringsel für Familie und Freunde.

Zu den besonderen Attraktionen im Dschungelpark gehören einige Tierarten, die in ihren Herkunftsländern vom Aussterben bedroht sind und nun auf Teneriffa in einer der größten Dschungelanlagen Europas eine neue Heimat gefunden haben. So kann man aus nächster Nähe Greifvögel bei ihren Flügen beobachten und in der Falknerei des Tierparks beim Training der Raubvögel zusehen. Die täglich stattfindenden Flugdarbietungen der Falken sind ebenso wie die anderen Tier-Shows im

WIE KOMMT MAN HIN?

Der Dschungelpark befindet sich im Las Águilas del Teide im Süden von Teneriffa. Mit dem Mietauto ist der Park am besten über die Autopista Sur zu erreichen. Man verlässt die Autobahn bei der Ausfahrt 27 und folgt einfach der Beschilderung. Kostenlose Parkmöglichkeiten sind unmittelbar am Park vorhanden. Von den Badeorten an der Costa Adeje und der Playa de Las Américas sowie von Los Cristianos werden täglich mehrere Bustransfers angeboten. Ein- oder zweimal wöchentlich fahren auch Busse diverser Busgesellschaften von Puerto de la Cruz und Las Caletillas zum Dschungelpark und zurück. Für diese Buslinien ist jedoch eine Reservierung erforderlich.

#41

2h

EINEN FARBENPRÄCHTIGEN SONNENUNTERGANG
an der Costa Adeje genießen

Die Costa Adeje ist nicht nur ein Urlaubsort, sondern ein ganzer Küstenabschnitt mit mehreren traumhaften Stränden.

Urlauber, die feinen Sand, eine gute Infrastruktur sowie umfangreiche, vielseitige Sport-, Freizeit- und Unterhaltungsmöglichkeiten schätzen, finden an der Costa Adeje alles, was sie suchen. Eine gut ausgebaute weitläufige Strandpromenade verbindet die verschiedenen Strände der Costa Adeje miteinander. Auf dem Küstenweg gelangt man auch in die Nachbarorte Los Cristianos und Las Américas. Ein besonders schönes Panorama bietet sich den Strandwanderern abends kurz vor Sonnenuntergang, wenn sich der Himmel rötlich färbt und die Sonne im Meer zu versinken scheint. Für Romantiker ist dies die beste Zeit, um sich am Strand oder auf einer der Sonnenliegen niederzulassen,

2h **Süden**

auf den Atlantischen Ozean zu schauen, das Smartphone zu zücken und ein paar Schnappschüsse von diesem farbenprächtigen Sonnenuntergang zu machen. Da die Costa Adeje auch eine der Touristenhochburgen der Insel ist, bleibt man dabei jedoch nicht lange allein.

UNSER TIPP:

Um den Menschenmassen zu entgehen, am besten an einen ruhigen Strandabschnitt wie die Playa de la Enramada in La Caleta ausweichen. Dort erlebt man die Natur in ihrer ursprünglichen Form und in den schönsten Farben. Als der ehemalige Kiesstrand vor einigen Jahren umgestaltet wurde, hat man die Kieselsteine abgeschliffen und die winzigen Partikel anschließend im unteren Bereich des Strandes als dunklen Sand aufgeschüttet, während der obere Strandabschnitt mit hellem Sand aufgefüllt wurde. Dieses Farbspiel verleiht der Playa de la Enramada ein ganz besonderes Flair, das abends durch den leuchtenden Sonnenuntergang noch verstärkt wird. Normalerweise ist die Playa de la Enramada nicht überfüllt, jedoch zieht es an den Wochenenden viele Einheimische, die ihren Tag am Meer verbringen wollen, an diesen reizvollen Strand.

#41

Costa Adeje

#42 2h

STAND-UP-PADDELN
an der Playa de las Américas

Beim Stand-Up-Paddeln auf Teneriffa geht es sportlich und lässig zu.

Der Paddelsport, der kurz SUP genannt wird, zählt auch auf den Kanaren zu den angesagtesten Sportarten überhaupt. Beim Gleiten über das Wasser vor der Playa de las Américas entdeckt man unberührte Stellen, die vom Land aus kaum zugänglich sind. Außerdem bietet sich vom Wasser aus eine tolle Sicht auf Strand und Berge. Stand-Up-Paddling ist grundsätzlich für alle geeignet, die schwimmen können und Spaß am Wassersport haben. Der Osten und Südosten Teneriffas ist für diese Surfdisziplin am besten geeignet, denn in dieser Region gibt es einige sehr ruhige Gebiete, wo man üben kann. Beim Stand-Up-Paddling wird der ganze Körper und nicht nur der Gleichgewichtssinn trainiert. Mit etwas Glück bekommt man sogar einige der Meeresbewohner wie die sympathischen neugierigen Delfine zu sehen, die sich oft in Ufernähe tummeln. Außerdem ist das Stehpaddeln eine tolle Sportart, die nach einem ruhigen Strandtag für Abwechslung sorgt. Bei vielen Surfschulen können die Boards stundenweise gemietet werden. Es werden aber auch geführte Touren oder Kurse angeboten. Auf Teneriffa ist Stand-Up-Paddling das ganze Jahr über möglich. Die Wassertemperaturen sind angenehm und sinken selbst im Winter kaum unter

2h Süden

19 Grad Celsius, während im Sommer sogar Werte bis zu 26 Grad Celsius gemessen werden. Allerdings kann der Atlantik an manchen Tagen etwas rau werden und anstatt feiner Wellen sind kraftvolle Brecher zu sehen. Gemeinsam mit Freunden oder Familienangehörigen macht das Paddle Surfing noch mehr Spaß und man entdeckt die spektakulären Landschaften an der Playa de las Américas. Damit der Ausflug ein tolles Erlebnis wird, ist es ratsam, auf die Windstärke und -richtung sowie auf die vorherrschende Richtung der Strömung zu achten. Dies ist besonders wichtig, wenn man allein paddelt. Bei einer geführten Tour übernimmt der Guide diese Aufgabe und weist die Teilnehmer auf mögliche Gefahren wie etwa hohe Wellen hin. An der Playa de las Américas verfügen die meisten Strände über eine Rettungsstation, daher kann das Aufsichtspersonal gefragt werden, wenn man sich mit den Surfbedingungen nicht auskennt. Auf Teneriffa ist es grundsätzlich empfehlenswert, maximal zwei Stunden und in Begleitung zu surfen. Ausreichender Sonnenschutz ist beim Stand-Up-Paddling ebenso wichtig wie beim Sonnenbaden am Strand. Da die Sonnenstrahlen vom Meer reflektiert werden, bekommt man beim Gleiten über die Wellen schneller einen Sonnenbrand als man denkt. Die meisten Paddling-Ausflüge, die an der Playa de las Américas angeboten werden, dauern circa 1,5 bis 2 Stunden. Auch für einen Stand-Up-Paddling-Kurs sollten etwa 2 Stunden eingeplant werden. In dieser Zeit hat man sich als Anfänger an das Board gewöhnt und den richtigen Umgang mit dem Brett trainiert. Kleine Wellen können dann mühelos gemeistert werden. Die Playa de las Américas ist zudem ideal, um mit dem Stehpaddel an der Küste entlangzufahren und dabei Delfine, Wasserschildkröten und bunte Fische zu beobachten. Die richtige Fahrtechnik erlernt man am besten in einem SUP-Kurs. Im „Trocken-Unterricht" werden dabei zunächst die wichtigsten Grundlagen vermittelt, bevor es mit dem Stand-Up-Paddle aufs offene Meer geht. Begleitet von einem professionellen Lehrer fährt man immer in Küstennähe.

WAS IST ZU BEACHTEN?

Stand-Up-Paddling ist eine für alle Altersgruppen geeignete Wassersportart. Die einzige Voraussetzung sind gute Schwimmkenntnisse. Bei einem Kurs werden die notwendigen Grundkenntnisse vermittelt. Mitzubringen sind Badekleidung und Handtuch sowie Sonnenbrille und Sonnencreme. Außerdem sollte man Getränke (Wasserflasche) mitnehmen, um Flüssigkeitsmangel vorzubeugen.

#42

Playa de las Américas → X

#43 2h

ABENTEUER ZWISCHEN HIMMEL UND ERDE
erleben beim Tandem-Paragliding-Flug über Adeje

Durch die Lüfte zu gleiten und die Insel Teneriffa aus einer anderen Perspektive zu erleben, zählt zu den besonderen Abenteuern, die man auf der Kanareninsel genießen kann.

Ein Tandem-Paragliding-Flug über Adeje ist ein außergewöhnliches Erlebnis. Vor dem Start gibt es zunächst eine ausführliche Sicherheitseinweisung. Danach geht es los, der Gleitschirm erhebt sich in die Luft und gemeinsam mit dem Lehrer hebt man ab. In thermischen Strömungen gleitet man in einer Höhe von etwa 1.000 Metern über dem Boden über Adeje und genießt ein unbeschreibliches Panorama. Das Gleitschirmfliegen ist generell eine sehr intensive Erfahrung. Auf Teneriffa kommt der Reiz, die gebirgige Landschaft und die kleinen Bergdörfer von oben zu betrachten, hinzu. Bis vor einigen Jahrzehnten war Adeje nur ein unbedeutendes Dorf in Bergesnähe. Inzwischen

2h Süden

hat sich der Küstenstreifen zu einem der wichtigsten Ferienziele Spaniens entwickelt. Obwohl der Massentourismus diese Region für sich entdeckt hat, hat es Adeje geschafft, sich seinen ursprünglichen ländlichen Charakter zu bewahren. Beim Fliegen mit dem Gleitschirm über der Adejeküste bietet sich ein unvergleichlicher Blick über Strände, Felder, Berghänge und Ferienorte. Das Städtchen Adeje ist die sechstgrößte Gemeinde Teneriffas. In der Gegend fand man einige der ältesten geologischen Formationen der Kanarischen Inseln wie den Pico de Abinque und den Roque del Conde. Besonders bekannt und als Ausflugsziele beliebt sind der Barranco del Infierno (Höllenschlucht) sowie der phreatomagmatische Krater Caldera del Rey. Mehr als 45 Prozent der Gemeindefläche von Adeje besteht aus Naturschutzgebieten. Der Hauptort, besser bekannt als Villa de Adeje, besitzt einen historischen Stadtkern mit bedeutenden Bauwerken wie der Kirche Santa Úrsula oder der Casa Fuerte. Außerdem ist Adeje stolz auf seine 14 Strände, die in allen Sandfarben schimmern, was bei einem Tandem-Paragliding-Flug deutlich zu sehen ist. Die etwa 300 Sonnentage im Jahr und eine durchschnittliche Tagestemperatur von circa 24 Grad Celsius sind ideale Voraussetzungen für das Gleitschirmfliegen. Das himmlische Abenteuer beginnt direkt am Startplatz. Nachdem der Fluglehrer die Sicherheitseinweisung beendet hat, wird man mit Sicherheitsgurt und Helm ausgestattet und dann kann es losgehen. Zunächst übernimmt der Lehrer das Kommando. Erst wenn man sich sicher genug fühlt, sollte man fragen, ob man den Gleitschirm selbst steuern darf. Nach einer Flugdauer zwischen 20 und 30 Minuten landet man wieder an der Playa de la Enramada in Adeje.

> **WAS IST BEIM TANDEM-PARAGLIDING ZU BEACHTEN?**
>
> *Ein Tandem-Paragliding-Ausflug dauert mit Vorbereitung und Einweisung etwa 2 Stunden. Davon werden circa 20 bis 30 Minuten in der Luft verbracht. Beim Tandem-Gleitschirmfliegen hebt man mit einem professionellen Trainer ab. Auf Wunsch kann der Gleitschirm selbst gesteuert werden, sofern ausreichend Erfahrung vorhanden ist. Grundsätzlich ist Paragliding für Menschen aller Altersgruppen geeignet. Höhenangst sollte man jedoch nicht haben.*

#93

Playa de la Enramada

#44

2h

ERNEUERBARE ENERGIEN AUF TENERIFFA – Interessante Techniken im Windpark ITER

Auf den Kanarischen Inseln zählt Nachhaltigkeit schon lange zu den wichtigsten Themen.

Erneuerbare Energien sollen zukünftig die Energieversorgung der beliebten Ferieninseln sichern. Im Windpark ITER auf Teneriffa widmet man sich ganz der Energiegewinnung mittels natürlicher Methoden. Bei einem Besuch kann man sich über den aktuellen Stand der Forschung informieren und gleichzeitig eine wirklich interessante Technik erleben. Zudem tut man während des Urlaubs auf Teneriffa gleichzeitig etwas für die Allgemeinbildung. Eine organisierte Führung durch den Windpark ITER dauert etwa 2 Stunden. Die Besichtigung muss online über die Webseite des Windparks gebucht werden, unabhängig davon, ob eine fachkundige Führung oder ein Rundgang auf eigene Faust gewünscht ist. Termine stehen wochentags zwischen Dienstag und Samstag jeweils morgens und nachmittags zur Verfügung. Die Führung im ITER-Windpark ist kostenlos und ermöglicht interessante Einblicke in die Welt der Windtechnik.

Nach umfangreichen wissenschaftlichen Recherchen wurde die Gegend im Südosten Teneriffas als idealer Standort für den Windpark ITER ausgewählt. Zu den wesentlichen Gründen für die Standortwahl zählten die teilweise sehr heftig wehenden Passatwinde in dieser Region, die optimale Voraussetzungen für den Betrieb eines

⏱ 2h   📍 Süden

Windparks bieten sollen. Der auf Teneriffa ständig wehende Wind kann somit in Energie umgewandelt werden. In naher Zukunft sollen bereits möglichst viele Bewohner der Insel über die Windkraftanlagen mit Energie versorgt werden. ITER ist das Kanarische Institut für erneuerbare Energien, dem es mit der Errichtung eines Windparks auf Teneriffa gelungen ist, ein Vorzeige-Projekt zu erschaffen. Offiziellen Angaben zufolge sollen bereits zum jetzigen Zeitpunkt etwa 35 Gigawatt Energie im Windpark erzeugt werden. Von den Wissenschaftlern des ITER-Institutes wird derzeit aufwendige Forschungsarbeit betrieben, damit zukünftig weitaus größere Leistungen erbracht werden können. Mit den perfekten Windverhältnissen und dem starken Wind besitzt gerade Teneriffa bei der Gewinnung erneuerbarer Energien ein vielversprechendes Potenzial.

Aktuell besteht der Windpark ITER aus drei Windparks, die nicht zu übersehen sind, wenn man sich der Südostküste Teneriffas nähert. Das Besucherzentrum befindet sich ebenso wie die Windparks im Ort Granadilla de Abona. Bei einem Rundgang oder im Rahmen einer geführten Tour kann man sich über die verschiedenen Projekte informieren und vor Ort erleben, wie eine Windkraftanlage funktioniert.

Der Windpark ist aufgrund der Aktualität des Themas meist gut besucht. Außerdem ist es ein spannendes Erlebnis, zu sehen, wie die Kraft des Windes genutzt wird, um Energie zu gewinnen. Während einer Führung durch den Windpark ITER erklären geschulte Mitarbeiter die modernen Techniken der Energiegewinnung und informieren darüber, weshalb die Insel Teneriffa bereits jetzt durch den Betrieb des Windparks ITER beachtliche Mengen von Kohlendioxid einspart. Man rechnet damit, dass auch die anderen Kanarischen Inseln diesem Beispiel in naher Zukunft folgen werden und ihrerseits die Errichtung von Windparks in Betracht ziehen. Mittlerweile beschäftigen sich die Wissenschaftler auf Teneriffa damit, ob man sich auch die Wellenenergie für den Bereich der erneuerbaren Energien zunutze machen könnte. Auf einer Urlaubsinsel wie Teneriffa mit ihren zahlreichen Hotels und Ferienanlagen ist eine zukunftsorientierte Stromversorgung natürlich von besonderer Bedeutung. Angesichts des steigenden Energieverbrauchs auf der Insel sowie drohender Umweltbelastungen wollen die Verantwortlichen in der Regierung zukünftig bei der Energiegewinnung vermehrt auf Alternativen setzen.

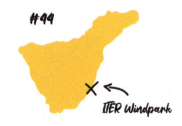

#45　4h

EINE MONDLANDSCHAFT SO WEIT DAS AUGE REICHT –

Die Paisaje Lunar am Südrand des Teide

⏱ 4h 📍 Süden

Eine Mondlandschaft auf Teneriffa? Ja, es gibt sie und das wundersame Naturschauspiel befindet sich direkt am südlichen Rand des höchsten Gipfels der Insel.

Zwischen dichten Wäldern am Fuße des Teide schimmert weißes Vulkangestein hindurch. Die verschiedenen Gesteinsbrocken, die zusammen die Paisaje Lunar, die Mondlandschaft Teneriffas bilden, beeindrucken durch ihre teilweise aberwitzigen Formen. Es dauerte einige Jahrtausende, bis diese übernatürlich wirkende Steinlandschaft als Folge von Vulkanausbrüchen, Erosionen und anderen Einflüssen der Natur entstanden ist.

Idealer Ausgangspunkt für eine Wanderung durch die Mondlandschaft ist die Ortschaft Vilaflor, die auf einer Höhe von 1.400 Metern liegt und damit der höchste Ort der Insel ist. Das kleine, von Pinienwäldern umgebene Dorf verdankt seinen einzigartigen Charme seiner besonderen Lage in den Bergen. Bei einem Spaziergang durch die gepflasterten Straßen entdeckt man die kleinen Häuser, die im typisch kanarischen Baustil errichtet wurden. Die gute Bodenqualität ermöglicht den Anbau von Mandeln, Kartoffeln und Wein. Vilaflor ist jedoch nicht nur wegen der ruhigen, ländlichen Atmosphäre bekannt. In dem kleinen Gebirgsort wurde im Jahr 1626 Peter von Betancurt, ein kanarischer Heiliger, der später das südamerikanische Land Guatemala missionierte, geboren.

Seit dem 16. Jahrhundert nutzten namhafte Wissenschaftler, Botaniker sowie erholungsbedürftige Inselbewohner den Camino Real de Chasna, einen Weg, der früher La Orotava mit Vilaflor verband, um in das ruhige Bergdorf zu gelangen. Da Vilaflor von Reisenden für sein angenehmes Klima geschätzt wurde, entstand im Ort mit dem Hotel Vilaflor das erste Hotel im Süden Teneriffas. Der romantisch wirkende Ort hat weitere Besonderheiten zu bieten. So gedeiht in Vilaflor eine besondere Pflanze, die es weltweit nur an wenigen Orten gibt. Diese seltene Blume wird Tajinaste genannt und ist auch unter dem Namen Wildprets Natternkopf bekannt. Die dunkelrot blühende Pflanzenart zählt zur Gattung der Natternköpfe und ist Bestandteil der Familie der Raublattgewächse. Auf Teneriffa blüht die Tajinaste von Ende April bis Ende Juni. Die mächtige Pflanze kann bis zu 3 Meter hoch werden und wird wegen ihrer leuchtend roten Blüten auch Tajinaste rosado genannt. Eine einzelne Tajinaste kann sogar einige Hundert Blüten hervorbringen. Bei näherem Hinschauen kann man zahlreiche Einzel-Blüten erkennen. Besonders viele Tajinasten sind im Ortskern von Vilaflor zu sehen. Im Frühling wirkt das Ortszentrum wie ein buntes Blütenmeer. In den Frühjahrsmonaten ist ein Spaziergang durch die Altstadt, bei dem man unbedingt eine Fotokamera oder das Handy zum Fotografieren dabeihaben sollte, ein besonderes Erlebnis. Neben den vielen Blumen gibt es im Zentrum von Vilaflor auch zwei sehenswerte Kirchen, und zwar die Parroquia San Pedro Apóstol sowie das Santuario del Santo Hermano Pedro. Eigentlich ist das Heiligtum des Santo Hermano Pedro ein Pilgertempel. Die Parroquia San Pedro Apóstol ist die Pfarrkirche des Gebirgsdorfes. Im Bereich um den Altar befinden sich einige sehenswerte Bilder und Statuen. Unmittelbar vor der Kirche schließt sich ein kleiner Park an, dessen Weg über einige Stufen nach unten zur Plaza Doctor Pérez Cáceres führt. Innerhalb der Parkanlage gibt es einige Bänke sowie einen Wasserlauf. Die gemütlichen Parkbänke bieten sich für eine Verschnaufpause nach dem Rundgang durch das Dorf an.

WICHTIG ZU WISSEN:

Durch die Mondlandschaft von Teneriffa führen verschiedene Wanderwege. Die einzelnen Wanderrouten unterscheiden sich in ihrer Länge und ihren Schwierigkeitsgraden voneinander. Das Wandern im Gebirge erfordert eine gute Kondition sowie die entsprechende Ausrüstung (feste Wanderschuhe, atmungsaktive Wanderbekleidung, Regenschutz, Rucksack). Auf den Wanderwegen gibt es verschiedene Möglichkeiten für einen Pausenstopp. Von den Aussichtspunkten hat man einen tollen Überblick über die mondähnliche Landschaft und die gebirgige Umgebung.

4h Süden

*Mondlandschaft
Paisaje Lunar*

Eine Wanderung durch Teneriffas Mondlandschaft lässt sich prima mit einem Besuch des Teide-Nationalparks verbinden. Mit einem Mietauto ist das Städtchen Vilaflor von jedem Badeort der Insel aus gut erreichbar. Im Ort stehen zudem kostenfreie Parkmöglichkeiten zur Verfügung. Öffentliche Parkplätze werden auf Teneriffa als „Aparcamiento público" bezeichnet. In Vilaflor befindet sich der kostenfreie Parkplatz im Ortszentrum.

Paisaje Lunar

#45

#46 4h

EINE QUAD-TOUR
auf Teneriffa machen

Geländeausflüge mit dem Quad werden fast überall auf Teneriffa angeboten.

Meist dauern diese Touren, die quer durch die Landschaft oder ins Gebirge führen, etwa 3 oder 4 Stunden. Wer ein Quad steuern will, benötigt dafür einen Auto-Führerschein. Quad-Ausflüge auf

4h Süden

Teneriffa sind auch für Familien ein tolles Erlebnis. Kinder ab 7 Jahren dürfen bei einem Erwachsenen auf dem Quad mitfahren. Abenteuerlich geht es bei einem Quad-Ausflug nach Vilaflor im Süden Teneriffas zu. Die als höchstes Dorf Spaniens bekannte ländliche Gemeinde Vilaflor de Chasna liegt inmitten der gebirgigen Landschaft im Süden Teneriffas. Das Off-Road-Abenteuer beginnt bereits bei der Anfahrt durch die dichte grüne Vegetation. Während man anfangs noch das Meer direkt neben sich sieht, verschwindet der Ozean langsam aus dem Blickfeld und die atemberaubende Waldlandschaft wird immer hügeliger, bis man sich schließlich im Gebirge wiederfindet. Mit dem Quad geht es über schmale Waldwege, entlang einiger Schluchten sowie durch vulkanische Landschaften. Die Gebirgszüge im Süden der Insel sind von Pinienwäldern umgeben. Im Dörfchen Vilaflor angekommen, kann man sich im Ort umsehen und dabei die stille, friedliche Atmosphäre spüren.

Vilaflor

#96

WAS MAN BEI EINEM QUAD-AUSFLUG BEACHTEN SOLLTE:

Quad-Touren werden fast überall auf Teneriffa und oft auch mit Abholung im jeweiligen Hotel angeboten. Während die notwendige Ausrüstung (beispielsweise ein Helm) meist in der Tour enthalten ist, muss für die Verpflegung unterwegs selbst gesorgt werden. Es empfiehlt sich daher, eine Wasserflasche (Trinken ist sehr wichtig!) und ein Sandwich oder einen anderen Snack selbst mitzubringen. Wichtig ist, bei einem Quad-Ausflug komfortable Kleidung und bequeme Schuhe zu tragen. Die Veranstalter von Quad-Touren erwarten die Vorlage eines gültigen Führerscheins Klasse B (KFZ-Führerschein). Meist wird auch die Kopie des Original-Dokuments akzeptiert.

#47 — 4h

Teneriffa aus einer anderen Perspektive erleben – Atemberaubende Ausblicke über die Insel bei einem
RUNDFLUG MIT DEM HUBSCHRAUBER GENIESSEN

Über den Wolken zu schweben, ist ein ganz besonderes Gefühl.

Wenn man zudem noch eine schöne Insel wie Teneriffa von oben betrachten kann, ist es einfach perfekt. Von den Urlaubsorten an der Costa Adeje im Süden Teneriffas werden regelmäßig diverse Helikopterflüge angeboten. Ein Flug mit dem Hubschrauber eröffnet ungeahnte Perspektiven und bietet die Möglichkeit, die bezaubernde Landschaft von Teneriffa aus einem ganz anderen Blickwinkel kennenzulernen. Bei einem Helikopterflug bekommt

Playa de las Américas  4h Süden

man einen schönen Überblick über die nähere Umgebung und die Region, in der man seinen Urlaub verbringt. Daher ist es sinnvoll, den Rundflug innerhalb der ersten Urlaubstage einzuplanen. So lernt man Teneriffa gleich zu Beginn von oben kennen und kann sich anschließend besser orientieren.

Ideal für einen Helikopterflug ist ein sonniger, möglichst wolkenfreier Tag. Bei günstigen Wetterverhältnissen ist nicht nur die Sicht besser, sondern man kann auch während des Fluges perfekte Aufnahmen von oben machen! Obwohl es gerade in der Hauptsaison nicht einfach ist, lohnt es sich, mit dem Anbieter einen flexiblen Tag für den Helikopter-Ausflug zu vereinbaren. Auf Teneriffa bestehen mehrere Flugmöglichkeiten. So werden kurze oder längere Rundflüge mit dem Helikopter angeboten. Wer zum ersten Mal mit einem Hubschrauber fliegt und es zunächst einfach ausprobieren will, sollte einen kurzen Flug wählen. Das Fliegen in einem Helikopter ist nicht mit einem Flug in einer Linienmaschine oder einem Charterflug in den Urlaub vergleichbar. In einem Hubschrauber erwartet die Passagiere eine völlig andere Atmosphäre. Bereits beim Einsteigen muss man leicht in die Hocke gehen und dabei den Kopf unten halten, damit man vor den drehenden Rotorblättern geschützt ist. Meist trägt man an Bord auch

Blick von oben auf die Playa de las Américas

Kopfhörer, denn in einem Helikopter ist es selbst im Inneren laut. An das beständige Dröhnen der Maschine unter den Füßen gewöhnt man sich schnell. Grundsätzlich sind Helikopterflüge auf Teneriffa für alle Altersklassen geeignet.

Ein kleiner Rundflug mit dem Helikopter entlang der Südküste dauert etwa 20 Minuten, eine längere Flugtour nimmt circa 35 Minuten in Anspruch. Bei einem kurzen Rundflug an der Südküste von Teneriffa überquert man die Küste von Puertito, die als Beobachtungsplatz für Schildkröten bekannt ist. Wie ein Vogel im Himmel schwebend erlebt man die Hotelzone der Playa de las Américas und von Los Cristianos von oben und damit aus einer ganz anderen Perspektive. Auch der Golfplatz an der Costa Adeje sowie das Fischerdorf La Caleta werden bei einer kurzen Südtour mit dem Helikopter überflogen. Das Überfliegen von Stränden und Steilküsten steht auch bei den längeren Helikopter-Ausflügen, die an der Costa Adeje angeboten werden, auf dem Programm. Nach dem Start sieht man den Golfplatz sowie das Fischerdorf La Caleta unter sich liegen. Nach dem Überfliegen der Badeorte Playa de las Américas und Los Cristianos erblickt man den Guaza-Berg und die Reste ehemaliger Vulkanausbrüche, die als felsige Erhebungen aus dem Meer ragen. Ein besonderes Highlight ist das Überfliegen der Steilklippe des Barranco del Infierno. Die Höllenschlucht liegt im Naturschutzgebiet in der Nähe des Vulkans Teide und bietet aus dem Helikopter betrachtet ein unglaubliches Panorama.

⏱ 4h   📍 Süden

WAS IST BEI EINEM RUNDFLUG MIT DEM HELIKOPTER AUF TENERIFFA ZU BEACHTEN?

Helikopter-Rundflüge werden an der Costa Adeje sowie auch an anderen Badeorten der Insel angeboten. Die Flugsaison ist ganzjährig und die Flugtermine hängen von den Wetterbedingungen ab. Bei schlechtem Wetter muss mit Flugverschiebungen gerechnet werden. Flugtickets oder Gutscheine verfallen nicht, sondern es wird einfach der Termin geändert.

WER KANN AN EINEM HELIKOPTER-FLUG TEILNEHMEN?

Grundsätzlich kann jeder, der gesund und fit ist, auch in einem Helikopter mitfliegen. Menschen, die einen Herzinfarkt überstanden oder einen Herzschrittmacher haben, sollten zuerst Rücksprache mit ihrem Arzt halten. Schwangeren nach der 20. Woche wird vom Fliegen im Helikopter abgeraten.

Ausrüstung und Kleidung beim Helikopterausflug sollten dem Wetter und der Jahreszeit entsprechen und bequem sein. Wichtig ist: Die Kamera nicht vergessen! Beim Überfliegen von Landschaften, Stränden und Dörfern winken traumhafte Fotomotive.

Kitesurfen am Strand von El Médano

#48

8h

SONNE, SAND UND OPTIMALE WASSER-BEDINGUNGEN –
Ein gemütlicher Strandtag an der Playa El Médano

Strand, Sonne und gutes Essen gehören zu Teneriffa wie das Oktoberfest zu München.

Einer der reizvollsten Sandstrände im Süden Teneriffas ist die Playa El Médano. Der mit einer Blauen Flagge ausgezeichnete Strand bietet ideale Voraussetzungen für Wassersport, zum Baden oder einfach zum Relaxen in der Sonne. Auch unter Einheimischen ist der El-Médano-Strand sehr beliebt, sodass vor allem an den Wochenenden eine lebhafte Atmosphäre herrscht. Der mäßige Wellengang an diesem Küstenabschnitt macht den hellbraunen, flach abfallenden Sandstrand zum perfekten Familienstrand. Gleichzeitig verfügt die Playa El Médano über alle Vorzüge und Annehmlichkeiten eines Stadtstrandes. Die Gegend um El Médano hat sich in

8h **Süden**

den vergangenen Jahrzehnten zum Zweitwohnsitz vieler ausländischer Residenten entwickelt. Außerdem gilt die Region auf Teneriffa als Windsurf- und Kitesurf-Hochburg. Günstige Windverhältnisse sowie ständige Winde machen es möglich, diverse Wassersportarten das ganze Jahr über auszuüben. Darüber hinaus kann die Playa El Médano mit einem vielfältigen Freizeit- und Unterhaltungsangebot punkten. Der Sandstrand, der zur Gemeinde Granadilla de Abona gehört, bietet einen traumhaften Blick auf den Vulkankegel Montaña Roja. Beim Bummeln entlang der Strandpromenade trifft man auf gemütliche Cafés, Restaurants und viele Surfläden. Am besten zum Windsurfen und zum Kitesurfen geeignet ist der Abschnitt des Strandes, der am weitesten vom Ort El Médano entfernt ist. An diesem Strandabschnitt werden regelmäßig Wettkämpfe in verschiedenen Wassersport-Disziplinen ausgetragen. Auch die Weltmeisterschaften im Windsurfen und Kitesurfen finden dort statt.

Obwohl El Médano bei Wassersportlern aus aller Welt im Fokus steht, hat sich der Ort seine Gemütlichkeit bewahrt. So kann man durch enge Gassen schlendern, sich mit Freunden in einer der kleinen Bars treffen oder sich im Fischrestaurant leckere Fischgerichte servieren lassen. Die schöne Strandpromenade ist ideal für kurze oder längere Spaziergänge. Am El-Médano-Strand können Sonnenliegen und -schirme gemietet werden. Über zahlreiche Rampen und Stege gelangen auch Menschen mit eingeschränkter Mobilität ins Wasser. Die hübsche Strandpromenade, die von verschiedenen Cafés und Restaurants gesäumt wird, befindet sich direkt am Strand.

WICHTIG ZU WISSEN:

Der El-Médano-Strand ist etwa 750 Meter lang und 43 Meter breit. Da ganzjährig starker Wellengang herrscht, ist El Médano einer der besten Orte weltweit für Wind- und Kitesurfen. Hier finden einige der wichtigsten internationalen Surfwettkämpfe statt.

UNSER TIPP:

Ein Abendspaziergang an der Playa El Médano. Gemütlich auf der Promenade bummeln, dem Wellenrauschen zuhören und sich anschließend einen Drink in einer Strandbar gönnen und dabei den farbenprächtigen Sonnenuntergang bewundern.

#49
KRÄFTIG IN DIE PEDALE TRETEN bei einer Fahrradtour

Wer Fahrradfahren als perfekte Ausdauersportart schätzt, sollte sich auch beim Urlaub auf Teneriffa einmal auf einen Drahtesel schwingen und die vielseitige Insel erkunden.

Beim Radfahren bringt man nicht nur den Kreislauf in Schwung, sondern entdeckt ganz nebenbei auch interessante Naturschauspiele, die man sonst nie gesehen hätte. Außerdem ist Fahrradfahren klimaneutral und die Nachhaltigkeit spielt ja auch in den Ferien eine Rolle. Tatsächlich gelangt man mit dem Mountainbike auf Teneriffa auch zu Orten und Plätzen, die mit dem Mietauto kaum zu erreichen sind. In den meisten Ferienorten auf der Insel werden Fahrräder und Mountainbikes stunden-, tages- oder wochenweise vermietet. Ein guter Tipp: Preise vergleichen! Manchmal sind Vermieter bereit, eine kleine Ermäßigung einzu-

8h · Süden

räumen, wenn das Fahrrad über einen längeren Zeitraum benötigt wird oder wenn mehrere Räder angemietet werden. Wer nicht selbst in die Pedale treten möchte, findet in Teneriffa an vielen Mietstationen mittlerweile auch E-Fahrräder und E-Mountainbikes vor. Ein toller Vorschlag für eine ganztägige Fahrradtour ist die Strecke von Los Cristianos über San Miguel, Granadilla, Arico, Güímar und Barranco Hondo bis nach Santa Cruz de Tenerife.

Diese Panoramatour an der Südostküste ist etwa 101 Kilometer lang und erfordert zwar etwas Kondition, allerdings lohnt sich die Mühe, denn unterwegs gibt es viel zu sehen und zu entdecken. Nach der Abfahrt in Los Cristianos wartet eine interessante Strecke auf die Radfahrer. Auf dem Weg in die Inselhauptstadt werden Wälder, Felder und hügeliges Gelände durchquert. Das Fahrradfahren auf Teneriffa ist jedoch nicht mit dem Radfahren in Deutschland zu vergleichen. In den Urlaubsorten müssen häufig Fußgängergruppen umfahren werden, während man gleichzeitig die Autofahrer mit ihrem temperamentvollen Fahrstil im Blick behalten sollte. Auf den Bergstrecken gibt es zwar weniger Verkehr, allerdings können große Steigungen und Höhenunterschiede dafür sorgen, dass man außer Atem gerät. Daher sollte man sich beim Radfahren auf Teneriffa nicht selbst unter Druck setzen. Im Urlaub werden schließlich keine Spitzenleistungen erwartet. So sollte man zwischendurch einfach eine Pause machen und am besten bei einem der Aussichtspunkte anhalten und die schöne Aussicht genießen. Wichtig ist, zu wissen, dass sich der lärmende Verkehr auf Teneriffa hauptsächlich auf die Verkehrsknotenpunkte konzentriert. Allerdings gibt es nicht auf jeder Fahrradstrecke Schleichwege, um den Weg abzukürzen. Damit der Fahrradausflug nicht zu anstrengend wird, kann eine Etappe auch mit dem Linienbus oder mit einem Taxi zurückgelegt werden. Die meisten Taxifahrer auf der Insel sind bereit, das Fahrrad im Kofferraum mitzunehmen. Auf diese Weise kann man sich bei der Panoramatour mit dem Rad an der Südostküste einige Kilometer und Höhenmeter sparen.

Der Ausgangspunkt für diesen Fahrradausflug ist Los Cristianos. Zunächst fährt man unter der Autobahn hindurch. Anschließend orientiert man sich an den Straßenschildern, die nach Granadilla, Arona und San Miguel führen. In diesem Streckenabschnitt windet sich die Straße steil in die Höhe und führt durch vegetationsarmes karges Gelände. Sobald man in Valle de San Lorenzo angelangt ist, hat man den schwierigsten Teil der Strecke hinter sich und kann eine Pause machen. Von hier aus sind es noch etwa 100 Höhenmeter bis zum Mirador de la Centinela. Von diesem Aussichtspunkt bietet sich ein spektakulärer Rundblick über den Küstenabschnitt Las Galletas und die Vorberge des Teide. Nach einer kurzen Abfahrt ist das Bergdorf San Miguel erreicht. Der kleine, ursprüngliche Ort in den Bergen ist vor allem für seine bodenständige Küche und die leckeren Kaninchen- und Fischgerichte bekannt. San Miguel eignet sich optimal für eine weitere Pause, bevor es zum 650 Meter hoch gelegenen Granadilla, dem höchsten Punkt der Fahrradtour geht. Die Durchquerung des Barranco de la Orchilla erfordert zwar einen größeren Krafteinsatz, die schöne Landschaft sowie die Aussicht sind jedoch die Mühe wert. Auf einer zehn Kilometer langen Abfahrt gelangt man nun nach El Médano, einem kleinen Ort mit perfekten Surfstränden. Weiter geht es in das malerische Dorf Granadilla mit seinen verwinkelten Gassen. Beim Vorbeifahren sieht man die alten Dorfhäuser, die inzwischen von modernen Gebäuden umrahmt werden. Die Gegend ist für

8h Süden

die Landwirtschaft von Bedeutung. Auf den Feldern und Hängen werden verschiedene Gemüsesorten, Getreide und Kartoffeln angebaut. Außerdem gibt es hier auch Weinanbau. Beim Fahrradfahren auf Teneriffa sollte berücksichtigt werden, dass die Berge oft in Wolken gehüllt sind und es in Höhenlagen mitunter auch kühl werden kann. Daher gehört eine warme Jacke unbedingt ins Gepäck. Obwohl in der Bergregion relativ selten Niederschlag fällt, ist es wichtig, bei der Vorbereitung eines Fahrradausflugs auch an einen Regenschutz (Regenjacke, Regenschirm) zu denken.

Im weiteren Streckenverlauf der Panorama-Fahrradtour fährt man durch bizarre Felslandschaften mit rötlichem Gestein. Nachdem Chimiche erreicht ist, steigt die Straße, die über El Rio und La Cisnera nach Lomo de Arico führt, wieder an. Unterwegs nach Fasnia kommt man auch nach Arico, einer größeren Siedlung. Am Straßenrand sind häufig größere Felshöhlen, in denen früher die Guanchen gelebt haben sollen, zu sehen. Die endlos erscheinende Straße windet sich durch viele Barrancos, schlängelt sich an Schluchten vorbei und über alte Steinbrücken. Zwischendurch wird der Straßenbelag etwas holprig, sodass die volle Aufmerksamkeit den Straßenverhältnissen gelten sollte. Die schroffe Felslandschaft wird von den Bergbauern zum Gemüseanbau genutzt, da sich in Schluchtnähe viel Feuchtigkeit ansammelt. Nach dem Fasnia erreicht ist, hat man die Berghänge überwunden. Oberhalb des Dorfes ist die weiße Kapelle Nuestra Señora de los Dolores zu sehen, die sich eindrucksvoll von der schwarzen Vulkanasche abhebt. Das weiße Kirchlein wurde von den Dorfbewohnern im Jahr 1702 nach einem Vulkanausbruch aus Dankbarkeit errichtet, da das Dorf von der drohenden Lavaglut verschont wurde, denn die Lava versickerte noch vor dem kleinen Ort im Boden. Die Kapelle ist ein idealer Ort für eine weitere Fahrradpause, denn von dort aus hat man einen wunderbaren Ausblick auf den Küstenstreifen. Bei der Panorama-Rundtour mit dem Fahrrad wechseln sich regelmäßig kleine Abfahrten mit Steigungen ab. Dieser ständige Wechsel erweist sich jedoch als angenehm und sorgt für Abwechslung auf dieser Fahrradstrecke. Der nächste Höhepunkt der Panorama-Fahrrad-Rundreise ist die Aussichtsplattform des Mirador de Don Martin. Von dort aus erscheint die Inselhauptstadt Santa Cruz, das Endziel der Fahrradtour, bereits zum Greifen nah. Doch zunächst geht es nach Güímar.

Die Abfahrt führt hinunter in den Ort, der im Südosten von Teneriffa ganz in der Nähe der Inselhauptstadt Santa Cruz de Tenerife liegt. Das Gebiet von Güímar wird durch riesige Vulkankegel geprägt. An der Steilküste vor dem Ort findet man einige kleine Badebuchten mit schwarzem

Sand oder Kieselsteinen. Endlich ist der Schlussabschnitt erreicht. Vom Vorort Taco bis ins Stadtzentrum von Santa Cruz de Tenerife ist es nicht mehr weit, sodass die Strecke innerhalb kurzer Zeit zurückgelegt wird. Auf dem Weg in die Innenstadt passiert man die Plaza del General Weyler und gelangt schließlich über die Calle Castillo direkt zur Plaza de España, wo man sich zur Belohnung einen köstlichen Eisbecher oder einen Cafe con Leche in einem der Cafés gönnen kann. Bei einer Streckenlänge von 101 Kilometern hat man sich diese Pause auch wirklich verdient!

UNSER TIPP:

Wer am nächsten Tag von Muskelkater geplagt wird, sollte sich eine kleine Auszeit am Strand gönnen. Einfach bequem im Liegestuhl liegen und die Sonne genießen oder einen Spaziergang an der Strandpromenade machen, hilft dem Körper, die Strapazen vom Vortag zu überwinden. Die große Panoramatour eignet sich zwar auch für Anfänger, jedoch sollte man fit sein. Besonders zu Beginn ist mit vielen Steigungen zu rechnen. Insgesamt werden im Verlauf der Strecke etwa 1.000 Höhenmeter überwunden. Für Kinder ist dieser Fahrradausflug, für den ein ganzer Tag eingeplant werden sollte, zu anstrengend und daher nicht empfehlenswert. Es gibt auf Teneriffa andere und familienfreundliche Fahrradrouten, die auch von Kindern bewältigt werden können.

Für die Panorama-Fahrradtour sind ein gutes Trekkingfahrrad mit intakten Bremsen sowie ein Fahrradhelm notwendig. Die Rundreise mit dem Fahrrad ist auf eigene Faust machbar. Es besteht aber auch die Möglichkeit, sich einer geführten Radtour anzuschließen. Fahrradausflüge werden in den meisten Ferienorten auf Teneriffa angeboten. Als Ansprechpartner können die Hotelrezeption, die Reiseleitung des Reiseveranstalters oder ortsansässige Reisebüros und Fahrradverleihstationen mit Informationen unterstützen. Ortskundige Reiseführer und Einheimische haben oft tolle Tipps für interessante Fahrradrouten und kennen Sehenswürdigkeiten, die man unbedingt gesehen haben sollte. Grundsätzlich ist Teneriffa zum Fahrradfahren gut geeignet, allerdings ist das Fahren im Gebirge bedingt durch kurvenreiche Strecken, Steigungen und Höhenunterschiede anstrengender als eine Tagestour in Küstennähe.

Fahrradtour

#49

Abends erwacht die Insel Teneriffa zum Leben!

Während tagsüber am Strand entspannt, gebadet, geschwommen oder getaucht wird, geht es am Strandbereich nachts heiß her, wenn man den Urlaubstag in einem der Beachclubs ausklingen lässt. Viele Clubs öffnen ihre Pforten bereits am späten Nachmittag oder am Abend. Mit einem Aperitif in der Hand kann man aufs Meer schauen, den Sonnenuntergang bewundern und bei cooler Musik chillen. Später lässt man es sich einfach bei entspannter Loungemusik und leckeren Snacks gutgehen. In den besten Beachclubs der Insel legen bekannte DJs auf und unter freiem Himmel wird dann in die Nacht hineingetanzt. Zu den bekanntesten Beachlocations auf Teneriffa zählt beispielsweise „Le Club" an der Playa de Fañabé, wo man auf komfortablen Liegen im balinesischen Stil am Strand liegen kann. Außerdem findet man dort eine umfangreiche Auswahl an Speisen und Getränken. Für stylisches Ambiente und eine große Getränkeauswahl ist der Papagayo Beach Club in Playa de las Américas bekannt. Auch dort legen regelmäßig DJs auf, sodass zu cooler Musik unter Palmen getanzt werden kann.

Le Club - Playa de Fañabé

#50

Masca-Schlucht Felsentor

8h Süden

#51

Quer durch die Barrancos zum
WASSERFALL CASCADA DE CHINDIA WANDERN

Teneriffa ist eine Wanderinsel.

Jedes Jahr zieht es Urlauber aus aller Welt in die gebirgige Landschaft der Vulkaninsel. Da es unzählige Wanderwege und Wanderrouten gibt, kann man eigentlich überall auf Teneriffa wandern. Etwas Besonderes ist es jedoch, durch die Barrancos bis zum Wasserfall Cascada de Chindia zu wandern. Als Barranco wird auf den Kanarischen Inseln eine Schlucht bezeichnet. Davon gibt es auch auf Teneriffa sehr viele. Meist sind Barrancos eher trocken, außer, wenn es geregnet hat, allerdings kommen starke Regenfälle nur im Winter vor. Viele Barrancos hat man inzwischen zu Parkplätzen „umfunktioniert", wenn es jedoch stark regnet, kann es dort zu sintflutartigen Überschwemmungen kommen. Das Mietauto sollte daher möglichst nicht in einer Schlucht oder an einem steilen Abhang geparkt werden. Zum Wandern sind die Barrancos, die sich oft Hunderte von Metern in die Tiefe winden und dabei die Landschaft zerschneiden, gut geeignet. Oft sind die steilen Abhänge mit wilden Brombeersträuchern bewachsen. Dies sieht auf den ersten Blick wunderschön aus, jedoch sollte man beim Abstieg in die Schlucht aufpassen, denn ein falscher Schritt kann ungünstige Folgen haben. Eine Barranco-Wanderung auf Teneriffa ist etwas Besonderes und das nicht nur wegen der vielen Höhenmeter,

Das versteckte Masca-Dorf im Teno-Gebirge

die es unterwegs zu überwinden gilt. Die Strecke zum Wasserfall Cascada de Chindia ist etwa 20 Kilometer lang. Neben guter Kondition ist etwas Wandererfahrung hilfreich, um den Aufstieg zu meistern. Auf Teneriffa gibt es weitere Barranco-Wanderungen, die sich großer Beliebtheit erfreuen wie beispielsweise die Tour durch den Barranco del Infierno (Teufelsschlucht) sowie die Wanderung durch den Barranco von Masca. Da diese beiden Schluchtenwanderungen auch bei Touristen sehr populär sind, trifft man unterwegs häufig auf andere Urlauber. Zum Wasserfall Cascada de Chindia führt ein Rundwanderweg, der in Vera de Erques beginnt. Der malerische Weiler, der direkt neben dem Barranco de Erques liegt und zur Gemeinde Guía de Isora gehört, ist Ausgangs- und Endpunkt der Barranco-Wanderung zum Wasserfall von Chindia. Beim Wandern durch die turmhohen Felswände der Schlucht bekommt man einen Eindruck von der Kraft der Natur, denn die mächtigen Gesteinsverschiebungen entstanden durch Vulkanausbrüche, die sich vor Millionen Jahren ereigneten. Beim Schluchtenwandern auf Teneriffa spielt auch das Wetter eine große Rolle. Ähnlich wie in Mitteleuropa ist in den Gebirgslandschaften der Kanarischen Inseln mit Wetterumschwüngen zu rechnen. Während es an der Küste warm und sonnig ist, können im Gebirge plötzlich Wolken aufziehen oder sich Nebelschwaden bilden. Bevor es zum Schluchtenwandern geht, sollte die Ausrüstung nochmals überprüft werden. Wichtig ist, sich auch ausrüstungstechnisch auf alle Wetterfälle einzustellen.

WAS IST SONST NOCH ZU BEACHTEN?

Die Rundwanderung von Vera de Erques bis zum Wasserfall Cascada de Chindia beginnt in der Ortsmitte des Gebirgsorts Vera de Erques, der auf einer Höhe von 840 Metern liegt. Die Anfahrt mit dem Mietauto ist über die TF-82 sowie über die Autobahn (Abfahrt Vera de Erques) aus dem Norden oder Süden der Insel möglich. Von der Autobahnabfahrt gelangt man auf die TF-465. Die serpentinenreiche Strecke führt bis zum Ort Vera de Erques. Das Mietauto kann auf Parkplätzen im Ortszentrum oder am Straßenrand geparkt werden. Eine Anfahrt mit dem Linienbus ist ebenfalls möglich. Die Buslinien 417 und 490 der Titsa-Busgesellschaft verkehren bis zur Endhaltestelle in Vera de Erques.

4h Südwesten

#52

MIT DEM KAJAK FAHREN
und dabei mit Schildkröten schnorcheln

Eine Kajaktour zählt nicht nur für Wassersport-Fans zu den schönsten Urlaubs-Erlebnissen.

Das Besondere an einem Kajakausflug auf Teneriffa besteht in der Möglichkeit, dabei gleichzeitig Delfine zu beobachten und mit Schildkröten zu schnorcheln. Die Kajakausflüge werden von einem professionellen Guide begleitet. Unterwegs bekommt man wichtige Informationen über die Unterwasserwelt und die darin lebenden Meerestiere. In traumhafter Umgebung begegnet man Schildkröten, sieht Delfine und andere Meeresbewohner. Von Los Cristianos an der Südwestküste geht es mit dem Kajak zuerst nach Palm-Mar. Die Gegend ist als Schildkröten-Bucht bekannt. Mit etwas Glück sind bald die ersten Tiere zu sehen. Beim Schnorcheln kann man die Schildkröten dann aus der Nähe beobachten. Die zu den Reptilien gehörenden Schildkröten leben immerhin schon seit mehr als 220 Millionen Jahren auf der Erde. Die Meeresschildkröten auf Teneriffa bilden eine eigene Schildkrötenfamilie und gelten als echte Langstreckenschwimmer. Ein gewisser Abstand von den freilebenden Tieren ist jedoch zu empfehlen. Manche

Schildkröten sind allerdings sehr neugierig und schwimmen selbst auf die Schnorchler oder auf die Kajaks zu.

Eine Kajaktour auf Teneriffa beginnt zunächst mit einer kurzen Einführung. Dabei wird insbesondere die Paddeltechnik erklärt, damit sich auch Anfänger zurechtfinden. Vor Beginn des Ausflugs erfahren die Teilnehmer, wie man in ein Kajak einsteigt, das Gleichgewicht hält, paddelt, wendet und das Wassergefährt stoppt. Grundsätzlich ist Kajakfahren leicht erlernbar. Für die Kajaktour sind daher keine Vorkenntnisse notwendig. Gepaddelt wird in der Gruppe, die von einem Guide geführt wird. Dabei geht es von Los Cristianos aus zunächst in südlicher Richtung vorbei an imposanten Felsen und schwarzen Stränden. Sobald der erste Ankerplatz erreicht ist, wird mit dem Schnorcheln begonnen. Die Schnorchelausrüstung, die dabei zum Einsatz kommt, ist beim Kajakausflug inklusive. Es geht direkt vom Boot aus ins Wasser. Unter der Wasseroberfläche taucht man ein in die vielfältige Unterwasserwelt von Teneriffa. Bunte Fische umschwärmen das Boot, Wasserschildkröten, Stilrochen und andere Meerestiere schwimmen ganz nah an den Schnorchlern vorbei. In einer Bucht, die nur mit dem Boot oder Kajak erreichbar ist, wird eine Badepause eingelegt. Plötzlich tauchen neugierige Schildkröten auf. Einige zutrauliche Exemplare schwimmen sogar um die Schnorchler herum. In den ruhigen Gewässern um Los Cristianos fällt das Kajakfahren nicht schwer. Oft schwimmen Delfine neben dem Boot her, springen in die Höhe oder veranstalten eine Show. Bei diesem Ausflug entdeckt man die schöne Küstenlinie im Südwesten der Insel und kommt gleichzeitig den Schildkröten und anderen Meeresbewohnern ganz nah.

WICHTIG ZU WISSEN:

Für einen Kajakausflug sollten etwa 3 bis 4 Stunden eingeplant werden. Eine Tour dauert zwischen 2,5 und 3 Stunden, wobei mindestens 2 Stunden im Kajak verbracht werden. Besondere Kenntnisse sind nicht erforderlich, da vor Ausflugsbeginn eine professionelle Einweisung erfolgt. Eine Kajaktour wird von einem ortskundigen Guide begleitet.

Los Cristianos

#52

San Sebastián de La Gomera

8h Südwesten

#53 8h

DIE NACHBARINSEL LA GOMERA entdecken

Ein Urlaub auf Teneriffa ist eine tolle Gelegenheit, um sich auf den Kanarischen Inseln umzusehen.

Während die nähere Umgebung des Urlaubsortes meist zu Fuß oder mit dem Fahrrad erkundet werden kann, bieten sich für längere Ausflüge auf Teneriffa ein Mietauto oder die Teilnahme an einem organisierten Ausflug an. Das besondere Highlight ist jedoch, auch die Nachbarinseln von Teneriffa kennenzulernen.

La Gomera ist die zweitkleinste der Kanarischen Inseln und misst von Norden nach Süden nur knapp 20 Kilometer. Im Unterschied zu Teneriffa, der größten Kanareninsel, ist auf La Gomera alles sehr überschaubar. Bei einem organisierten Ausflug nach La Gomera wird man im Hotel oder in der Ferienanlage abgeholt und zum nächsten Hafen gefahren. Im Süden von Teneriffa ist das meist der Hafen von Los Cristianos, wo die Fährschiffe nach La Gomera ablegen. Die Fahrzeit mit dem Schiff von Los Cristianos nach San Sebastián de la Gomera, der Inselhauptstadt, beträgt etwa 1 Stunde. Während der Überfahrt kann man Fotos machen oder einfach den Blick auf die von Buchten und Klippen durchzogene Küste genießen und sich einen Kaffee von der Bordbar gönnen. Bei den

Einheimischen gilt La Gomera als magische Insel. Von Touristen wird die kanarische Mini-Insel wegen ihrer winzigen romantischen Buchten mit schwarzem Sand geschätzt. Liebhaber der Natur finden auf La Gomera alles, was sie suchen. Die hügelige Landschaft der Insel steckt voller Kontraste. Man durchquert im Abstand weniger Kilometer riesige Schluchten, von Palmen durchzogene Täler und trockene Küstengebiete. Das klare Wasser und die bunte Unterwasserwelt haben dazu beigetragen, dass La Gomera bei Tauchsportlern sehr beliebt ist. Das Inselinnere ist grün und wird durch dicht bewachsene Wälder geprägt.

Ein besonderes Highlight ist der Nationalpark Garajonay. Das von der UNESCO zum Weltnaturerbe ernannte Waldgebiet mit prähistorischer Vegetation wird auch beim Ausflug von Teneriffa aus besucht. Der 1981 gegründete, insgesamt 3.984 Hektar große Nationalpark umfasst etwa 10 Prozent der Gesamtfläche von La Gomera. Beim Wandern durch den immergrünen Nebelwald spürt man die einzigartige Atmosphäre dieses Waldgebiets, das zu den Überresten der subtropischen Wälder gehört, die einst den gesamten Mittelmeerraum bedeckten. Die Insel La Gomera eignet sich ausgezeichnet zum Wandern. Bei einer 1-Tagestour von Teneriffa aus hat man zwar nicht viel Gelegenheit dazu, jedoch bekommt man einen ersten Eindruck von den vielfältigen Landschaften und Vegetationszonen und den typisch kanarischen Orten auf La Gomera.

Während der Fahrt von Valle Gran Rey hinauf zum Garajonay-Nationalpark sieht man terrassierte Felder und imposante Felswände. In den Bergdörfern fallen die mächtigen

Mystisches Waldgebiet im Garajonay Nationalpark

8h Südwesten

Lorbeerbäume auf, die ebenso wie schlanke Palmen den Dorfplatz umrahmen. La Gomera ist heutzutage ein Biosphärenreservat, das eines der bedeutendsten natürlichen Ökosysteme der Welt beherbergt. Vor Ort setzt man sich für eine nachhaltige Entwicklung der Insel und den Erhalt der üppigen Natur ein. Um endemische Pflanzenarten zu schützen, wird umweltbewusster Tourismus gefördert.

Die kleine Inselhauptstadt San Sebastián de La Gomera liegt an der Ostküste. Die knapp 10.000 Einwohner zählende Kleinstadt gilt als ruhig und überschaubar. Bekannt ist San Sebastián de La Gomera vor allem wegen ihrer Verbindung zum spanischen Amerika-Entdecker Christoph Kolumbus, der sich auf seinen Reisen in die Neue Welt öfter auf La Gomera aufhielt und dort Station machte, bevor er weiter Richtung Amerika segelte. Einige Überreste der historischen Reise des spanischen Weltentdeckers können heute noch besichtigt werden. Im Kolumbushaus Casa Colón ist eine präkolumbische Kunstsammlung aus Peru zu sehen. Zu den weiteren bekannten Sehenswürdigkeiten in San Sebastián zählen der Festungsturm Torre del Conde aus dem 15. Jahrhundert, der heute noch in perfektem Zustand ist sowie die Auferstehungskirche Iglesia de la Asunción mit ihren schönen sakralen Kunstwerken. Meist endet ein organisierter Ausflug nach La Gomera mit einem Einkaufsbummel in der Altstadt von San Sebastián. Am besten lässt man den schönen Tag mit einer Tasse Kaffee auf einer der zahlreichen Café-Terrassen ausklingen und probiert dazu die beliebten Kekse aus La Gomera, bevor man sich an Bord der Fähre zur Rückfahrt nach Teneriffa begibt.

La Gomera   #53

#54

2h

DIE KLIPPEN VON LOS GIGANTES erkunden

Riesige Klippen, die eine Höhe von bis zu 600 Metern erreichen und fast senkrecht ins Meer hinabfallen, türmen sich am Ortsrand von Los Gigantes auf.

Vom Wasser aus wirken diese monumentalen Felswände noch spektakulärer. Die Guanchen, Ureinwohner der Kanarischen Inseln, bezeichneten die Klippen auch als Höllenmauern. Heutzutage ist Los Gigantes ein Ortsteil des Badeortes

Die Klippen von Los Gigantes

⏱ 2h 📍 Westen

Santiago del Teide und die majestätischen Klippen sind Teil des Landschaftsparks Teno. Von Land aus sind die Felsformationen über die Küstenstraße TF 47 zu erreichen, wenn man vom Hafen Puerto de Santiago in Richtung Tamaimo fährt. Außerdem gibt es vom Ortsteil Los Gigantes einen Fußweg, der zu einem kleinen Plateau führt. Der Blick über die Steilküste ist einzigartig. Noch beeindruckender wirken die Klippen von Los Gigantes vom Wasser aus. Fast täglich starten Motorboote, Katamarane und Segelschiffe vom Hafen in Los Gigantes oder von Los Cristianos in Richtung der einzigartigen Felsgruppe, die auch unter Wasser eine Tiefe von etwa 30 Metern erreicht. Die artenreiche Unterwasserwelt zieht Ausflügler, Hochseeangler, Schnorchler und Taucher gleichermaßen in ihren Bann.

> **INTERESSANT ZU WISSEN:**
>
> *Die beiden schönsten Aussichtspunkte mit dem besten Blick auf Los Gigantes heißen Acantilado de los Gigantes und Mirador Archipenque. Beim Aussichtspunkt Acantilado de los Gigantes ist meist nicht viel los, allerdings gibt es dort auch keinen Schatten. Also am besten einen Sonnenhut und eine Flasche Wasser mitnehmen und auch an den Sonnenschutz denken. Die gepflasterte Aussichtsplattform El Mirador Archipenque liegt direkt am Straßenrand in der Nähe des gleichnamigen Restaurants. Unterhalb des Aussichtspunktes befindet sich die Linienbus-Haltestelle Station Quinto Centenario. Die Weitsicht über den Badeort Los Gigantes und die riesigen Felsen ist von diesen beiden Aussichtspunkten besonders schön.*

Los Gigantes

#54

#55
DELFIN- UND WHALE WATCHING
an der Küste von Los Gigantes

2h

Die Gewässer um die Insel Teneriffa sind wichtige Wander- und Heimatgebiete von Meeressäugern.

Beim Delfin- und Whale Watching an der Küste von Los Gigantes kommt man den Meeresbewohnern ganz nah. Bei den Bootstouren, die regelmäßig im Hafen von Los Gigantes starten, werden oft verschiedene Aktivitäten wie Baden und Schnorcheln mit dem Whale Watching kombiniert. Mit einem Glasbodenboot kann man gleichzeitig die vielen bunten Fische, die sich unter der Wasseroberfläche tummeln, aus der Nähe bestaunen.

Abenteuerlicher wird das Delfin- oder Whale Watching auf einem Katamaran oder einem Piratenschiff. Vom Hafen Los Gigantes finden ganzjährig regelmäßig Schiffstouren statt. Seefest sollte man schon sein, wenn man sich an Bord begibt. Auf dem Atlantik weht ein rauer Wind und beim Delfine beobachten kann es unter den Füßen recht schaukelig werden. Vor der Küste Teneriffas gibt es eine große Population an Delfinen. Vor allem der Große Tümmler hat sich im Seegebiet vor der Kanareninsel angesiedelt. Delfine zu beobachten ist ein besonderes Erlebnis. Es sind jedoch nicht nur die

2h **Westen**

gutmütigen Meeressäugetiere, die das Schiff schwimmend begleiten, sondern auch andere Arten wie der Kurzflossen-Grindwal, der an seiner kurvigen Rückenflosse gut zu erkennen ist. Schätzungsweise bis zu 250 Wale sowie Delfine aus verschiedenen Populationen sollen ganzjährig in den Gewässern vor der Küste von Los Gigantes leben. Die sogenannten Kurzflossen-Grindwale sind typische Teneriffa-Wale. Sie zählen zur Gattung der Delfine und können bis zu 7 Meter groß werden. Im Grunde gelten sie als freundliche und gesellige Meeresbewohner. Meist schwimmen sie um die Ausflugsschiffe herum oder bleiben einige Minuten in der Nähe. Ausreichend Gelegenheit also, um die Fotokamera zu zücken und einen Schnappschuss von den riesigen Meeresbewohnern zu machen. Der große Tümmler ist eine besondere Delfingattung. Wer erinnert sich nicht an den Delfin Flipper aus der gleichnamigen Fernsehserie? Nun, der als Flipper bekannt gewordene Delfin war ebenfalls ein großer Tümmler. Mit einer maximalen Länge von 4 Metern sind die Tümmler jedoch verglichen mit dem Grindwal wesentlich kleiner. Beim Whale Watching vor Teneriffas Küste kann man vor allem im Frühjahr oder im Herbst auch einige seltene Wal-Arten zu Gesicht und vor die Kameralinse bekommen. Dabei handelt es sich meist um Pottwale und Glattwale, die unterwegs zu ihren Futterplätzen sind. Wenn man Glück hat, entdeckt man aber auch Zügel-Delfine und andere blau-weiße Meeresriesen. Eine Whale Watching Tour dauert meist 2 Stunden. Es gibt auch längere Schiffsausflüge, die dann nicht nur das Beobachten von Delfinen und Walen, sondern auch andere Aktivitäten, wie beispielsweise eine Badepause oder ein Picknick an einem Strand einschließen. Die kürzeste Delfin-Beobachtungstour in Los Gigantes dauert etwa eine Stunde, während man bei einer längeren Schiffsfahrt bis zu 4 Stunden auf dem Atlantik schippert. Da die meisten Delfine und Grindwale vor der Küste von Los Gigantes zu sehen sind, finden Whale Watching Touren meistens von diesem Hafen aus statt.

> **WAS IST ZU BEACHTEN?**
>
> *Whale Watching Touren finden auf Teneriffa ganzjährig statt. Wie jeder Schiffsausflug sind auch die Wal-Beobachtungstouren vom Wetter abhängig. Bei hohem Seegang kann es daher passieren, dass die Fahrt abgesagt wird. Allerdings ist das Schippern auf dem Atlantik bei stürmischem Wetter auch kein Vergnügen. Es bietet sich deshalb an, die (See-) Wettervorhersage zu berücksichtigen, bevor man sich für eine Schiffstour entscheidet.*

Los Gigantes

#55

SPRACHFÜHRER

Die spanische Sprache ist auf Teneriffa die offizielle Landessprache. Da Spanisch ursprünglich im Königreich Kastilien gesprochen wurde, wird sie seitdem als kastilische Sprache bezeichnet. Auf den Kanarischen Inseln hat sich ein kanarisches Spanisch, das südamerikanische und karibische Einflüsse aufweist, durchgesetzt. In den Urlaubsgebieten kann man sich gut auf Englisch und Deutsch verständigen, im Hinterland der Insel sind Spanischkenntnisse sehr hilfreich. Die Sprache auf Teneriffa wird heute noch durch die Guanchen-Sprache, die ihren eigenen Wortschatz besitzt, beeinflusst. Viele Ortsbezeichnungen beginnen daher mit der Silbe „gua". Außerdem werden Wörter gern abgekürzt, indem der Buchstabe S am Wortende nicht ausgesprochen wird. Auf den Kanarischen Inseln werden Worte, die auf Buchstaben wie S und N oder auf einen Vokal enden und keinerlei Akzent besitzen, jeweils auf der vorletzten Silbe betont. Die übrigen Wörter werden entweder auf der letzten Silbe oder auf der Silbe mit dem Akzent betont, wie Los Cristianos = lo(s) kristi_áno(s) oder El Escobonal = el eskowonál.

Die wichtigsten Wörter und Redewendungen, die man als Urlauber auf Teneriffa kennen sollte, sind:

Buenos días	Guten Tag (bis 12 Uhr mittags)
Buenas tardes	Guten Abend (ab 12 Uhr mittags)
Buenas noches	Guten Abend (abends)
¡Holá!	Hallo!
¿Qué tal?	Wie geht's?
Me llamo	Ich heiße
Sí	Ja
No	Nein
Habitación	Zimmer
Llave	Schlüssel
Desayuno	Frühstück
Almuerzo	Mittagessen
Abierto	Geöffnet
Farmacia	Apotheke
Officina de Correos	Postamt
Ciudad	Stadt
Calle	Straße
Coche	Auto
Alquilar	Mieten
Gasolina	Benzin

TENERIFFA erleben

Ceda el paso	Vorfahrt lassen
Camino cerrado	Straße gesperrt
Cruce	Kreuzung
Cuidado	Achtung
Derecha	Rechts
Izquierda	Links
Lunes	Montag
Martes	Dienstag
Miércoles	Mittwoch
Jueves	Donnerstag
Viernes	Freitag
Sábado	Samstag
Domingo	Sonntag
Uno	Eins
Dos	Zwei
Tres	Drei
Cuatro	Vier
Cinco	Fünf
Seis	Sechs
Siete	Sieben
Ocho	Acht
Nueve	Neun
Diez	Zehn
Cien	Einhundert
Mil	Eintausend

La carta, por favor!	Die Karte bitte!
La cuenta, por favor!	Die Rechnung, bitte!
Tráigame …	Bringen Sie mir …
Que aproveche!	Guten Appetit!
Donde està el baño?	Wo ist die Toilette?
El desayuno	Frühstück
El almuerzo	Mittagessen
La cena	Abendessen
La carne	Fleisch
El pescado	Fisch
La verdura	Gemüse
La ensalada	Salat
La cerveza	Bier
El vino	Wein
El agua	Wasser
Café con leche	Milchkaffee

Diesen QR-Code scannen und sich die Wörter ganz einfach auf Spanisch anhören:

BILDNACHWEIS

Fotos von Depositphotos:
S. 5 SOMATUSCANI, S. 8 Lesniewski, S. 9 AnalacobPhotography, S. 11 whitelook, S. 12 Nanisimova_sell, S. 13 MiguelTamayoFotografia, S. 15 herraez, S. 16 microgen, S. 18 anyaberkut, S. 19 underworld1, S. 20 skanarki, S. 23 vitalytitov, S. 26 marzolino, S. 29 AnibalTrejo, S. 30 Steidi, S. 32 foto-pixel.web.de, S. 33 borjomi88, S. 34 urf, S. 36 MikeMareen, S. 37 lunamarina, S. 38 SOMATUSCANI, S. 39 sergio_pulp, S. 40 + 41 imagebrokermicrostock, S. 42 + 43 mistervlad, S. 44 PantherMediaSeller, S. 46 underworld1, S. 47 blunker + underworld1, S. 48 + 49 NeyroM, S. 49 Maridav + MikeMareen, S. 50 photocosma, S. 52 + 53 panin.sergey.me.com, S. 54 chikennnsem@gmail.com, S. 55 ivanmateev, S. 56 + 57 _italo_, S. 58 Anita_Bonita, S. 59 underworld1, S. 60 Anita_Bonita, S. 62 PhanuwatNandee, S. 63 ventdusud, S. 64 valphoto, S. 66 minervastock + GranTotufo, S. 68 carloscastilla, S. 69 mistervlad, S. 70 Wirestock + Balate Dorin, S. 71 murbanska00, S. 72 PantherMediaSeller, S. 73 Lobachad, S. 74 + 75 underworld1, S. 76 + 77 carloscastilla, S. 77 jovannig, S. 78 SOMATUSCANI, S. 79 annaleb06.aol.co.uk, S. 80 + 81 Wirestock, S. 83 stokkete, S. 84 Bushko, S. 85 Kotangens, S. 86 + 87 Akimafutura, S. 88 nokola@gmail.com, S. 89 Anna_Om, S. 90 nokola@gmail.com, S. 91 + 92 Kotangens, S. 94 simto75.gmail.com, S. 96 Gladkov, S. 97 SOMATUSCANI, S. 98 iofoto, S. 101 mihtiander, S. 102 EpicStockMedia, S. 103 netfalls + nikitos1977, S. 104 + 105 Maugli, S. 106 + 107 lunamarina, S. 108 czamfir, S. 110 + 111 Balate Dorin, S. 112 Kayco, S. 113 Sandis, S. 114 SOMATUSCANI, S. 116 + 117 pedro2009, S. 118 MiguelTamayoFotografia, S. 119 Steidi, S. 120 lightpoet, S. 121 Cavan, S. 122 welburnstuart + Maridav, S. 124 + 125 DaLiu, S. 125 SOMATUSCANI, S. 126 underworld1, S. 127 timbrk, S. 128 GUDKOVANDREY, S. 129 DenisDavidoff, S. 130 flatbox, S. 131 xolo-dan, S. 132 sketchyT, S. 134 ursula1964, S. 136 AlgimantasB, S. 138 + 139 ronstik, S. 141 ronstik + RobertSchneider, S. 142 + 143 Nomadsoul1, S. 144 + 145 jovannig, S. 145 Iurii, S. 146 jovannig, S. 148 rossandhelen, S. 149 AnalacobPhotography, S. 150 + 151 Photo_life, S. 152 khellon + PantherMediaSeller, S. 155 Rawpixel, S. 156 ViewApart + chikennnsem@gmail.com, S. 157 PantherMediaSeller, S. 158 Wirestock, S. 159 BRedShots, S. 160 shane@shanemyersphoto.com, S. 161 PantherMediaSeller, S. 162 Maguirf, S. 164 + 165 blasbike, S. 166 peter77

IMPRESSUM

©2023 Letizia Palm wird vertreten durch:
Gamikaze Scheidegger
Pascal Scheidegger
Adlerstrasse 1
8600 Dübendorf
Schweiz
Handelsregister: CHE-467.312.860

Alle Rechte vorbehalten.

Das Werk, einschließlich seiner Teile, ist urheberrechtlich geschützt. Jede Verwertung ist ohne Zustimmung der Autorin unzulässig.

Umschlaggestaltung und Satz: Sprudelkopf Design – Jasmin Raif,
www.sprudelkoepfe.com
Umschlagmotive: iStockphoto/©Bluejayphoto, /©EpicStockMedia, /©SOMATUSCANI, /©Maugli, /©welburnstuart, /©Wirestock, und /©Booblgum

Icons: Ressourcen von Flaticon.com

Taschenbuch: 978-3-9525596-0-4

info@gamikaze.ch
www.gamikaze.ch

Printed by Amazon Italia Logistica S.r.l.
Torrazza Piemonte (TO), Italy